왜 개헌인가?

Why Constitutional Amendment?

국립중앙도서관 출판시도서목록(CIP)

왜 개헌인가? = Why Constitutional Amendment? / 윤대규
지음. -- 파주 : 한울, 2005
    p. ;   cm. --

ISBN   89-460-3393-2   93340

362.11-KDC4
342.03-DDC21   CIP2005001001

왜 개헌인가?

Why Constitutional Amendment?

윤대규 지음

들어가는 말

우리나라는 외국에서는 보기 드물 정도로 자주 헌법을 개정해왔다. 1948년 최초의 헌법제정 이래 1987년까지 9차례나 개정을 했으니 한 헌법의 수명이 평균 5년도 초과하지 못한 셈이다. 더구나 이러한 개헌이 시대적 변화를 수용하기 위한 것이 아니라 정치 권력자들의 정치적 목적을 달성하기 위한 방편으로 이루어졌다는 점이 우리를 더욱 서글프게 만들고 있다.

다시금 헌법개정 논의가 수면 위에 떠오르고 있다. 여론조사에 의하면 국민의 70퍼센트 정도가 개헌의 필요성을 인정하고 있다고 보도하고 있다. 정치권력의 장악과 유지를 위한 수단으로 개헌을 이용하려는 정략적 시도에 대한 우려가 없는 것은 아니다. 그러나 다행스러운 것은 지금의 개헌 논의가 과거의 개헌 논의와는 차이가 많다는 점이다. 과거에는 개헌이 야당의 반대에도 불구하고 집권자에 의하여 집권 또는 권력의 유지를 정당화하는 수단으로 이용되었지만, 이번에는 집권당뿐만 아니라 야당도 함께 현행 헌법이 갖는 모순점을 개선해 더 합리적인 국정 운영을 도모해보자는, 좀더 대승적인 차원에서 제기되고 있는 것으로 보이기 때문이다. 2004년 4·15 총선 이후 제일 먼저 개헌 문제가 부각된 것은 그만큼 현행 헌법이 갖는 문제점이 많은 것을 반증하는 것이기도 하다.

아직도 대통령의 임기가 많이 남아 있는데 벌써 개헌을 논의한다는 것은 성급한 일임에 틀림없다. 먼저 시급한 여러 현안 문제를 해결하는 데 국력을 집중하고 대통령의 임기 마지막 후반에 가서 논의해도 늦지 않다는 주장도 일리가 있다. 그러나 헌법이 갖는 위상을 고려한다면 헌법개정은 충분한 시간적 여유를 가지고 준비해야 할 것이다. 개헌을 준비한다고 나라 전체가 여기에 매여 소란해서야 안 되겠지만, 적어도 국회와 같이 헌법개정절차의 주도적 책임을 지고 있는 기관은 시간을 가지고 만반의 준비를 다해야 한다. 그렇지 않으면 또 다시 시간에 쫓겨, 결국 정치권의 이해관계에 따른 정치적 타협으로 결론이 날 가능성이 높기 때문이다.

필자가 이 책을 서둘러 출간하는 이유도 이러한 전철을 밟지 말자는 뜻에서이다. 개헌을 위한 시간이 길다고 해서 곧 좋은 헌법이 만들어진다는 보장은 없다. 그러나 그만큼 문제가 되는 부분에 대하여 필요한 심층적, 비교법적 조사를 할 수 있으며, 다양한 의견이 제시될 수 있고 국민의 검증을 받을 여유가 있기 때문에 지금의 헌법과 같은 중대한 법리적 오류를 벗어날 가능성이 높아진다.

이 책은 빨리 개헌을 하라고 촉구하기 위하여 준비된 것이 아니다. 필자가 이 책에서 주장하는 방향으로 개헌해야 한다는 당위성을 주장하기 위한 것은 더욱 아니다. 무엇보다도 개헌의 중요성에 비추어 신중하게 절차를 진행하기 위해 충분한 시간을 갖고 철저히 준비하라고 촉구하기 위하여 마련된 것이다. 개헌의 절차가 헌법 자체의 정당성과 직결된다는 우리 헌정사의 경험에 비추어 볼 때 더욱 그러하다. 또한 그러한 개헌논의가 본격화될 때 일반 시민들에게도 조그만 참고자료가 될 수 있다면 더욱 기쁜 일이다.

2005년 5월

윤대규

차례

03_ 정부형태는 어떠한 것이 있는가?

06_어떠한 개헌절차가 필요한가?

개헌이 필요한가?

1

개헌이란 국가의 최고법인 헌법을 바꾸는 것으로 일반적인 법의 개정과는 전혀 절차를 달리하고 있다. 우리 헌법에도 개헌을 쉽게 할 수 없도록 개헌절차를 엄격하게 규정하고 있다. 개헌안은 대통령과 국회(국회 재적의원 과반수)가 제안할 수 있으며, 제안된 개헌안은 20일 이상 공고 기간을 거쳐, 국회에서 재적의원 3분의 2 이상의 찬성을 얻은 다음 국민투표에서 과반수 찬성을 얻어 확정된다(헌법 제128-130조 참조).

그럼에도 불구하고 이렇게 복잡한 절차를 거쳐야 하는 개헌을 해야 할 것인지의 여부는, 개헌이 정치인들의 정치적 목적을 달성하기 위한 수단으로 이용되는 것은 아닌가 하는 점과, 현행 헌법이 개정이 아니면 해결할 수 없을 정도의 심각한 문제점을 가지고 있느냐 하는 문제와 직결된다고 할 것이다.

여론조사를 통해 나타난 결과를 보면 여야를 비롯한 정치권에서뿐만 아니라 국민의 대다수가 현행 헌법에 대한 개헌의 필요성을 인식하고 있다. 그렇다면 적어도 지금 논의되고 있는 개헌은 설사 정치인들의 정략적 목적에서 주장 된다고 하더라도, 현행 헌법이 개정하지 않으면 안 될 법리적, 현실적 문제점도 함께 가지고 있다고 보아야 할 것이다.

어느 헌법이나 전혀 문제가 없을 수 없다. 그러나 헌법의 해석이나 운영의 묘를 통해 해결할 수 없을 정도라면 개헌해야 할 것이다. 이것은 곧 개헌의 대상이 되는 현행 헌법이 갖고 있는 문제점은 무엇이며 그 문제의 심각성은 어느 정도인가 하는 문제로 귀결된다.

현행 헌법은 1987년 민주화의 결실로 만들어진 제9차 개헌 헌법이다. 비록 현재까지 18년밖에 되지 않았지만 우리가 가진 헌법 중에서는 1948년 제헌 헌법 이래 가장 생명력이 강한 헌법으로 기록되고 있다. 그럼에도 지금 개헌 문제가 제기되고 있는 이유는 무엇인가?

정치인들의 정략적 목적에 대한 경계 – 시간을 가지고 준비하자

정치인들은 어떠한 주장을 해도 그들이 달성하려 하는 정치적 목적과 무관할 수 없다. 특히 헌법개정과 같은 국가적 과제를 두고 논의하는 경우, 자신들의 정치적 입지와 무관하게 중립적 입장에서 주장한다고 보면 너무 순진한 생각일 것이다.

현재 논의되는 개헌이 과거의 개헌과 특히 다른 점은 정치권 여야 모두가 한목소리로 개헌을 주장한다는 점이다. 정치적 이해관계가 첨예하게 대립되는 여야가 함께 개헌을 주장한다는 것은 개헌으로 인해 이들 모두가 이득을 볼 수 있다고 계산하고 있다는 것이다. 만약 정치인들에 대해 좀더 신뢰를 갖고 본다면, 여야는 현행 헌법이 갖는 문제점이 너무 심각하기 때문에 자신들의 정치적 입지에 관계없이 개헌을 해야 한다고 주장하고 있는 셈이다.

한편 과거의 개헌 논의와 동일한 점은 개헌의 대상이 되는 핵심이 권력구조에 관한 것이라는 점이다. 지금까지의 개헌사를 보면 정부형태와 대통령의 임기 연장, 선출 방법 등이 개헌의 중심이었다. 이번도 예외가 아니다. 즉, 이번 개헌의 초점은 대통령제 유지를 전제로 하면서 '5년 단임 대통령제'를 '4년 중임 대통령제'로 바꾸어야 한다는 것이다. 현행 헌법이 법리적으로 모순되거나 시대에 맞지 않은 여러 조항을 가지고 있음에도 불구하고 나머지에는 별로 관심이 없고 대통령의 임기에만 관심이 있다면, 이는 역설적으로 정치적 계산에서 개헌이 주장되고 있다는 것을 간접적으로 보여주는 것이기도 하다.

이와 같이 정치적 목적에서 개헌이 주장된다면, 대통령의 임기가 5년 단임에서 4년 중임제로 바뀜으로써 여야 모두에 득이 된다는 것은 납득하기 어려운 점이다. 이미 1987년 개헌 때 본 바와 같이 여야는 집권 가능성을 저울질하면서 개헌 주장을 해야 하지만, 지금으로서는 서로가 집권을 전제로 하고 있다는 인상이다. 이로 인해 헌법개정을 통해 현행 헌법이 가지고 있는 문제점 전반을 수정하려는 태도는 전혀 볼 수가 없다.

지금 정치권이 주장하는 바와 같이 헌법개정에 시간이 걸릴 것이 없다고 하는 것은 단순히 대통령의 임기 부분만 바꾸겠다는 것이나 다름없다. 설사 헌법의 다른 부분을 개정한다고 하더라도 시간에 쫓긴다면 개악이 될 가능성마저 있다. 또 하나의 기형적 헌법이 생길 가능성이 있는 것이다. 현행 헌법은 대통령의 임기 부분뿐만 아니라 기본권을 비롯한 전반에 많은 문제점이 있다.

개헌시 가장 우려해야 할 것이 바로 정치인의 정략적 수단으로 개헌이 이용된다는 점이다. 지금과 같이 여야 모두가 개헌을 지지하는 입장이라면 지금이야말로 개헌을 통해 국가 미래의 청사진을 함께 그릴 수 있는 절호의 기회이다. 그러나 이것은 여야가 시간을 두고 충분히 개헌을 준비할 때만 가능하다. 개헌이 시간에 쫓기면 정치인들의 담합에 의해 끝날 것이 분명하기 때문이다. 정치인들이 개헌 논의를 미루려 하는 것은 자신들에게 가장 유리한 시점에 개헌을 이슈화하려는 정치적 의도와 관련이 있어 보인다.

따라서 정치권이 진정 국가의 미래를 위한 헌법개정을 주장한다면, 하루 속히 정치적으로 중립적인 인사들로 구성된 특별위원회(예를 들면 '헌법조사연구위원회' 등)를 국회 산하에 설치해 개헌과 관련된 문제점에 대한 조사와 연구가 있어야 할 것이다. 이를 전문가들로 구성한다면 나라 전체가 개헌 정국에 휘말릴 까닭이 없다. 이 특위는 개헌 범위에 제한을 두지 말고 헌법 전반에 대한 정밀한 검토를 해야 할 것이다. 특히 정부형태에 대해서도 대통령제를 전제로 한 것이어서는 안 된다. 의원내각제나 이원정부제 역시 충분한 검토가 있어야 한다. 5년 단임제가 갖는 문제점뿐만 아니라 순기능적 측면도 검토되어야 한다. 개헌의 절차가 갖는 중요성은 절차의 공정성과 투명성이 헌법 자체의 정당성과 직결되기 때문이다.

정치권은 개헌 논의를 내부 작업에 머물 것이 아니라 하루 속히 공개적 기구를 통해 공론화해야 할 것이다. 새로운 헌법은 내용뿐만 아니라 절차도 시대에 맞게 진행되어야 한다. 국민 모두가 문제점을 충분히 이해한 후 공감대를 이루어갈 수 있도록 시간을 가지고 준비해야 한다. 특정 집단을 위한 졸속 개헌이 아니라 국가 미래의 청사진을 그리는 개헌이라면 지금 시작해도 시간이 부족하다.

현행 헌법의 문제점 – 개헌의 필요성

지난 18년간의 현행 헌법의 운용 경험을 통해 현행 헌법이 가지고 있는 문제점이 무엇인지 대략 드러났다. 그래서 개헌 문제가 끊임없이 제기되어왔으며 국민의 관심도 높아지고 있다. 특히 양김(兩金)정치가 종료된 지금 개헌의 필요성은 더욱 강조되고 있다.

현행 헌법은 후술하는 바와 같이 개정이 필요할 정도로 문제가 많은 것은 사실이지만 이전의 헌법에 비하여 우수한 정당성을 가지고 있는 것도 사실이다. 현행 헌법의 정당성을 먼저 살펴본 후 문제점을 지적하도록 하자.

현행 헌법의 정당성 — 개정절차의 민주성

현행 헌법은 비록 18년밖에 되지 않았지만 우리 헌정 사상 가장 생명력이 긴 헌법이다. 이와 같이 현행 헌법이 과거의 헌법에 비해 오랜 생명력을 유지하고 있는 이유는 무엇인가?

현행 헌법이 과거의 헌법에 비해 법리적으로 우수하기 때문이 아니라 헌법개정절차의 민주성 때문이다. 과거의 개헌 때와 달리 집권자들의 정치적 야욕을 실현하기 위한 목적으로 집권자의 일방적 행위로 만들어 진 것이 아니라, 이미 정해져 있는 개헌절차에 따라 이해관계를 달리하는 서로 다른 정치집단간의 합의로 개헌이 이루어졌기 때문이다. 비록 짧은 헌정사이지만 이렇게 대립된 정치세력간의 평화적 합의로 개헌이 이루어지기는 현행 헌법인 9차 개헌이 처음이었다. 후술하는 바와 같이 현행 헌법이 법리상 많은 문제점을 가지고 있음에도 불구하고 과거 헌법과 달리 국민적 저항을 받지 않는 것은 이러한 개헌절차의 합법성에 있는 것이다. 이와 같이 헌법의 생명력은 헌법 내용의 우수성도 중요하지만 개헌의 동기와 절차에 더욱 의존하는 것이다.

현행 헌법의 태생적 한계 – 군사정권과 '양김정치'의 타협의 산물

현행 헌법이 이렇게 민주적으로 개정되었음에도 불구하고 여야 모두가 공개적으로 개헌을 주장하는 것은 현행 헌법이 갖는 많은 법리상의 문제점 때문이다. 현행 헌법은 국가적 앞날을 생각하며 장기적 차원에서 만들어진 것이 아니라 당시 정치인들의 단순한 정치적 타협의 결과로 만들어진 것이었다. 다시 말해 당시 기득권을 놓지 않으려는 군사정권과 이에 저항하는 민주세력으로 대표되는 김영삼, 김대중의 양김 세력이 각각 자신의 입지를 고려해 타협한 결과의 산물이었다. 이들 세력들에게 가장 중요한 고려사항은 자신의 집권가능성을 보장해줄 수 있는 헌법구조였다. 가장 대표적인 내용이 바로 5년 단임 대통령제이다. 이것은 최선의 결과가 아닐 경우 적어도 최악의 가능성을 가장 줄여줄 수 있는 방안이었다. 그후 역사가 보여 주듯이 개헌의 주도 세력인 노태우, 김영삼, 김대중은 자신들이 의도한 대로 차례로 대통령이 될 수 있었다.

당시 개헌에서는 이들의 정치적 의도를 순화시키고 장기적인 국가발전 차원에서 새로운 헌법을 논의할 수 있는 중립적인 세력의 참여가 전혀 배제되었던 것이다. 이런 점에서 보면 현행 헌법은 처음부터 양김을 전제로 한 잠정적 한시법에 불과하였다.

현행 헌법의 교훈은 정치권의 합의도 중요하나 그것만으로는 부족함을 보여준다. 정치인들의 최고 고려사항은 자신들의 정치적 입지이다. 그들이 어떠한 용어와 이론을 동원하더라도 이는 자신들의 정치적 이해관계를 강화하는 수단일 가능성이 높다. 따라서 정치권의 정치적 이해관계를 완화하고 좀더 대승적인 차원에서 논의가 가능할 수 있도록 하기 위해서는 학계, 법조계, 시민단체 등과 같은 비정치권의 참여가 필수적인 것이다.

현행 헌법의 법리상의 문제점

현행 헌법은 대통령제이면서도 대통령제의 장점이 제대로 발휘되기 어렵게 되어 있다. 이는 앞에서 본 바와 같이 법리적 접근보다는 자신들의 정치적 입지를 우선시한 정치권의 정치적 의도 때문이었다. 상세한 내용은 뒤에서 살펴보기로 하고 간단히 대표적인 문제점을 지적하면 다음과 같다.

첫째, 대통령의 5년 단임 임기제이다. 대통령의 단임제는 과거와 같은 1인 장기집권의 폐해를 방지하는 점에서는 순기능적이지만 국정의 연속성 및 안정적 운영, 그리고 책임정치의 구현이라는 측면에서는 역기능적이다. 5년 단임제는 대통령의 조기 레임덕(lame duck) 현상을 초래함으로써 안정된 국정운영과 책임정치가 이루어지는 것을 어렵게 한다.

둘째, 현행 헌법은 대통령제이면서도 부통령직을 두지 않고 있다. 부통령 없는 대통령제에서 대통령 유고시 후계자의 문제가 제기됨은 물론이다. 물론 국무총리, 국무위원들이 대행할 수도 있으나 그 민주적 정당성이 빈약하며 특히 유고시 다시 대통령 선거를 해야 하는 국력 낭비가 초래된다. 또한 후보자 선정을 둘러싼 당내 경쟁에서 타협과 분배의 여지를 제거함으로써 승자독식의 분위기를 조장하고 당의 분열, 후보의 난립을 초래한다. 그리고 전문화, 다원화 속에 증가하는 국사의 신속하고 효율적인 처리를 위해서도 대통령의 업무를 부통령에게 어느 정도 분할할 필요가 있다. 특히 우리나라와 같이 지역감정이 여전히 정치 발전을 가로 막는 장벽으로 존재하고 있는 현실을 고려할 때 부통령제의 도입은 국무총리제에 비해 더 긍정적인 역할을 할 것으로 기대된다. 또한 대통령이 특정 정당의 대표로써 야당 대표의 상대가 되는 것도 적절하지 못하며, 부통령이 이러한 역할을 할 수도 있을 것이다.

셋째, 현재와 같은 상대적 다수독점 체제의 '승자독식'인 대통령선거제도를 완화할 필요가 있다. 현재와 같은 제도하에서는 정치세력간의 사활을 건 전면적 경쟁이 될 수밖에 없다. 이는 양당체제가 확립되지 않은 우리나라에서 후보난립과 지역적 분열을 조장하는 원인이 될 수 있다. 승자독식의 정치풍토는 우리 사회 내부의 갈등 타파 차원에서뿐만 아니라 통일에 대비해서도 부정적이다. 어느 후보도 유효투표의 과반수를 점하지 못하는 경우 최다수 2인간의 결선(run-off)을 고려할 필요도 있다. 이는 정치세력간의 타협 공간을 마련해줄 것이다. 부통령제의 채택도 이러한 승자독식 분위기를 완화하는 데 도움이 될 것임은 물론이다.

넷째, 대통령의 임기가 5년으로 왜 국회의원의 임기인 4년과 달리하였는지 그 정당성의 근거가 희박하다. 임기를 어긋나게 하여 대통령의 지배력을 약화하는 데 기여하는 면도 있으나 대선과 총선, 나아가 지자체 선거가 별도로 치러짐으로써 국가 전체가 소모해야 하는 낭비가 지대하다. 임기를 조정하여 동시에 선거를 치르든가 아니면 중간평가의 역할을 할 수 있도록 조정해야 할 것이다. 또한 대통령 소속하에 있는 감사원장의 임기를 4년으로 한 것도 대통령제의 책임정치에 반한다.

현행 헌법이 갖는 이러한 문제점은 바로 지금의 헌법이 만들어진 동기에서 비롯되었다. 이제 당시 개헌을 주도했던 세력들이 의도했던 바가 모두 달성됨으로써 그 존재 근거가 사라지게 되었다. 말하자면 현행 헌법은 그 생명력을 다한 셈이다. 이제 개헌으로 현행 헌법에 대해 사망선고를 함으로써 현행 헌법이 갖는 태생적 한계를 극복해야 한다. 특정 정치인의 정치적 목적을 위한 개헌이 아니라 국가와 민족의 희망찬 미래를 위하여 중립적이고 장기적인 전망을 가지고 좀더 선진화된 새로운 청사진을 준비해야 할 때다.

우리 개헌의

역사와

교훈

9차례의 개헌 역사

현행 헌법의 개정에 대한 논의에 앞서 그간의 우리의 헌법개정의 역사를 일별할 필요가 있다. 역사는 지금 우리의 행동에 지침을 주는 교훈이 된다는 점에서 과거의 문제가 아니라 현재의 문제이다. 우리가 헌법개정의 역사를 살펴보는 것도 지난날의 회고에 그치는 것이 아니라 앞으로 있을 개헌이 어떠해야 하는지에 대한 해답을 주기 때문이다.

1948년 대한민국 최초의 헌법이 제정된 후 마지막 개헌인 1987년 헌법까지 40년 미만의 짧은 헌정사임에도 9차례의 개헌이 있었다. 제출된 개헌안은 12차례에 달하였다. 이는 곧 우리의 정치가 그동안 얼마나 불안정했던가를 상징적으로 잘 보여주고 있다.

한국헌법의 개정사는 곧 현대 한국 정치사의 축약이라고 할 수 있다. 그동안 우리나라의 주요한 정치변동은 대부분 헌법개정으로 이어졌기 때문이다. 따라서 법리적인 개헌의 배후에서 이러한 개헌의 동인이 되어 온 정치 현상을 염두에 두면서 우리의 헌법개정의 역사를 살펴보자.

개헌 내용을 보기에 앞서 제1차 개헌의 대상이 되었던 우리나라 최초의 헌법인 1948년의 건국헌법의 제정 경과를 살펴볼 필요가 있다. 특정 개인의 정치적 욕심이 훗날 어떠한 결과를 초래하는가를 잘 보여주고 있기 때문이다. 이미 시작부터 개헌의 씨앗이 뿌려진 것이었다.

유엔이 한반도의 가능한 지역 내에서 총선을 실시하기로 결정함에 따라 1948년 5월 10일 남한에서 선거가 실시되었다. 선거 결과로 제헌국회가 구성되었으며 곧 국가 최고법인 헌법 제정에 착수했다. 한반도에서의 단일정부의 수립을 주장하던 김구, 김규식 등은 선거를 거부하며 불참함에 따라 제헌 국회에서 이승만의 영향력이 더욱 강해졌다. 유진오를 중심으로 한 헌법학자들이 제출한 기초안은 국회의 양원제, 의원내각제였으나 '내각책임제하에서는 어떤 지위도 맡지 않겠다'는 이승만의 강한 반대로 단원제, 대통령 중심제로 변경되었다. 그리고 7월 12일 만장일치로 국회에서 가결되어 7월 17일에 공포되었다. 그후 이날은 대한민국 최초의 헌법이 제정 공포된 '제헌절'로 우리 모두 역사적인 날로 기념하고 있다.

그러나 제헌절이 갖는 깊은 의미에도 불구하고 이와 같이 유력 인사의 의지에 의해 국정운영의 기본 원리가 하루아침에 변경되었다는 사실은, 앞으로도 영향력 있는 특정인의 의사에 따라 국가 최고법인 헌법도 쉽게 변경할 수 있음을 예고하게 되었다. 아닌 게 아니라 이는 곧 현실로 나타났다. 또한 이러한 변칙적인 변경은 처음의 헌법 기초안이 가지고 있던 법리적 원칙을 무시한 것이다. 내각책임제를 대통령책임제로 바꾸면서도 대통령제에 맞추어 헌법 전체구조를 근본적으로 변경시키지 않고, 기초안이 가지고 있던 내각책임제의 요소를 다수 유지하면서 일부 조항만 수정해 통과시켰다. 우리 헌법이 갖는 이른바 내각책임제의 원리를 가미한 '절충형' 대통령제의 기원은 처음부터 나와서는 안 될 것이 나타난 역사의 오류였다. 국무총리제가 그러하고 대통령에 대한 간선제도 마찬가지이다. 최초의 헌법이 파행, 졸속으로 제정됨으로써 훗날 두고두고 벗어날 수 없는 한국 헌법사의 멍에가 되었다.

제1차 개헌(1952년 7월 4일) – 발췌개헌: 이승만의 재선을 위한 개헌

1952년에 단행된 제1차 개헌은 이승만 대통령의 재선을 위해 헌법에 규정된 사전공고절차도 없이 이루어졌다. 여야는 서로 대립된 두 개의 개헌안을 국회에 상정함으로써 짧은 헌정사에 전례 없는 정치적 위기를 겪게 되었다. 정부는 6·25 전쟁이 일어나고 임시수도를 부산으로 이전하는 국가적 위기 속에서도 선포하지 않았던 비상계엄을 개헌에 즈음해 선포하고 국회의원에 대한 온갖 위협과 탄압을 자행했다. 이에 신속한 사태 수습을 명분으로 양 개헌안을 절충하는 이른바 발췌개헌(拔萃改憲)안이 마련되고 이는 살벌한 분위기 속에서 심야에 국회를 통과했다. 표결방법은 기립표결로 하자는 동의(動議)가 채택되어 기립표결하였다. 그 결과 재석의원 166인 중 찬성 163표, 기권 3표로 반대는 한 표도 없었다. 당시의 분위기가 얼마나 무섭고 험악했는지 짐작할 수 있다.

발췌개헌은 21개 조항을 수정, 삭제 또는 증보하는 것이었으나 그 핵심 내용은 대통령과 부통령의 선거를 국회의 간선제에서 국민에 의한 직선제로 바꿈으로써 이승만의 재선을 보장하기 위한 것이었다. 국회가 이승만을 반대하는 야당이 다수가 됨으로써 국회에서는 더 이상 선출이 어려워졌기 때문이었다. 이밖에도 국회의 양원제, 국회의 국무위원불신임제, 국무위원 임명에 대한 국무총리의 제청권 등이 추가되었다.

최초의 개헌으로 이루어진 이 발췌개헌은 위법투성이였다. 이미 부결된 안을 다시 제안함으로써 일사부재의(一事不再議)의 원칙에 반하는 것이었다. 뿐만 아니라 발췌개헌안은 기존 두 개헌안에는 없던 새로운 내용이 포함됨으로써 전혀 새로운 개헌안임에도 불구하고 공고 기간

없이 상정됨으로써 공고 기간에 관한 헌법 규정(개헌안은 제안 후 30일간 공고)을 위반했다. 또한 비상계엄으로 토론의 자유가 보장되지 않음은 물론 물리적 강제에 의해 의결이 이루어졌다.

일반 국민은 전시중 생사의 기로에서 한치 앞을 모르며 신음하고 있을 때 권력자는 여전히 자신의 권력 유지가 최고의 관심사였다. 오히려 이러한 상황은 국민의 관심사로부터 벗어날 수 있는 기회였다. 이렇게 적나라한 위법절차로 개헌이 이루어졌음에도 새로운 헌법이 효력을 발생하는 데는 아무 지장이 없었다. 새로운 헌법에 의해 이승만은 재선에 성공했음은 물론이다.

제2차 개헌(1954년 11월 27일) — 사사오입개헌: 이승만의 영구집권을 위한 개헌
제2차 개헌의 목적은 재임에 국한되는 조항을 초대 대통령에 한하여 그 적용을 배제함으로써 이승만의 장기 집권을 가능하게 하는 것이었다. 절차적으로도 개헌을 위한 의결정족수에 미달함에도 사사오입이라는 편법을 통해 가결한 위헌적 개헌이었다.

제2차 개헌안은 표결 결과 재적의원 203명 중 찬성 135표, 반대 60표, 무효 1표, 기권 6표, 결석 1표로 헌법개정에 필요한 재적의원 3분의 2인 136명에 1표 부족해 부결로 선언되었다. 그럼에도 그후 203명의 3분의 2는 135.333...이므로 사사오입의 원칙에 따라 135명이 3분의 2가 틀림없다고 하면서 가결된 것으로 수정, 결의하였다. 이것이 그 유명한 제2차 개헌인 사사오입개헌(四捨五入改憲)이다.

제2차 개헌은 초대 대통령에 대한 중임제한을 없앰으로써 이승만의 영구집권을 가능하게 하는 것이 핵심 내용이었으나 이밖에도 부수적으

로 다양한 내용이 포함되었다. 모두 30개 조항에 걸쳐 수정, 삭제, 증보가 이루어졌다. 주권의 제약이나 영토변경의 경우 국민투표를 거칠 것, 국무총리제 및 국무위원연대책임제의 폐지(즉 국무위원에 대한 개별적 불신임제 채택), 대통령 궐위시 부통령의 지위승계, 군법회의의 헌법적 근거부여, 통제경제에서 자유시장경제체제로의 전환 등이 주요 내용이다. 의원내각제적 요소를 제거하고 순수 대통령제로 전환하려는 의도를 볼 수 있다.

의결정족수 산정에 관한 법의 일반원칙까지 무시한 명명백백 위법인 파렴치한 행위가 자행되었음에도 더 이상 이를 저지할 수 있는 법적 장치는 없었다. 정치적 힘의 위력 앞에 법은 무력하였다. 이러한 의결 절차상의 하자뿐만 아니라 초대 대통령에 한해 중임제한을 철폐한 것은 평등의 원칙에 반하는 위헌적 개헌이었다.

제3차 개헌(1960년 6월 15일) — 4·19 혁명 후 의원내각제 개헌(제2공화국 헌법)

앞서의 1, 2차 개헌은 이승만 대통령의 2선과 3선을 위한 것이었다. 개헌의 결과 무사히 집권할 수 있었으나 1인 집권이 장기화되자 이에 대한 국민의 저항은 점점 강도를 더해갔다. 그럼에도 이승만 대통령은 4기 집권을 위한 정치적 사욕을 버리지 않았다. 1960년 3월 15일의 대통령, 부통령선거는 이승만 대통령의 4선을 위한 적나라한 부정선거였다. 이러한 부정선거에 항의하는 시민 학생들의 데모가 전국적으로 확대되고 이에 대해 정부는 발포로 대응함으로써 사태는 더욱 악화되어 마침내 4·19 혁명으로 발전하였다.

결국 이승만 정권은 물러나고 새로운 공화국 건설을 위한 과도정부가 구성되었다. 개헌을 주도한 국회는 독재의 재현을 막기 위해 대통령제가 아닌 내각책임제로 개정함으로써 통치구조상 변화를 가져오는 등 과거의 헌법과의 연속성을 인정하기 어렵기 때문에 이전과 구별해 '제2공화국' 헌법이라고 부른다.

제3차 개헌은 통치구조를 포함한 전면 개정으로 새로운 헌법체계를 만드는 것이 타당했다. 그러나 당시 상황이 시간적 여유가 없다는 이유로 기존의 헌법체계를 유지하면서 개정이 이루어졌다. 그리하여 무려 본문 52개 조항과 부칙 15개 항목에 걸친 광범위한 개정이 이루어졌다. 형식은 개정이었지만 그 내용이나 규모에서 볼 때 새로운 헌법의 제정이나 다름없었다. 그래서 이를 제2공화국 헌법이라고 하는 것이다.

제3차 개헌은 1, 2차 개헌과 달리 당시 국민의 여론을 반영하고 헌법상 규정된 절차를 밟는 등, 하자 없이 비교적 자유로운 분위기에서 이루어졌다. 이런 점에서 볼 때 정부 수립 후 합헌적 절차에 따라 만들어진 최초의 개헌이라고 할 수 있다. 그러나 일부 문제가 없는 것은 아니다. 당시 국회에는 이승만의 자유당 소속의원이 다수였으나 당시의 혁명 열기 속에서 개헌안에 대하여 자유롭게 의사를 표현하기 어려웠다. 과거의 자신들의 주장과 달리 거의 전부가 찬성투표를 한 것이 그들 모두 스스로의 양심에 의한 전환이라고 보기는 어렵기 때문이다. 개헌안이 법에 정해진 무기명 비밀투표가 아닌 기립표결에 의해 이루어짐으로써 공개투표를 강요받은 자유당 의원들이 반대표를 던지기가 더욱 어려웠을 것이다. 제1차 개헌 때 비난받은 기명식 투표제를 다시 채택함으로써 의원들의 자유의사표현을 저해한 것은 여전히 흠이 될 수밖에 없다.

결국 3차 개헌으로 12년 이승만의 독재가 종식되었다. 1인 독재를 방지하고 국가권력의 남용으로부터 개인의 기본권을 더욱 잘 보장하기 위한 제2공화국의 새로운 법적 토대가 마련된 것이다.

제4차 개헌(1960년 11월 29일) — 반민주행위자 처벌을 위한 소급입법 근거 마련을 위한 개헌

새로운 헌법체제하에서 3·15 부정선거의 원흉들에 대한 심판결과 이들에 대한 처벌법규가 없어 일부에 무죄판결이 내려지자 국민들의 분노는 높아만 갔다. 특히 4·19 부상자를 중심으로 한 군중들은 국회의사당 내 의장석까지 난입해 부정선거 원흉들에 대한 처벌의 근거법 제정을 요구했다. 마침내 국회는 헌법 제23조의 형벌불소급의 원칙에 대한 예외규정을 두기 위해 헌법 부칙을 개정하는 개헌안을 제출, 통과시켰다. 이것이 제2공화국의 헌법개정으로서 제4차 개헌이다.

4월 혁명으로 이승만 정권은 무너졌으나 3·15 부정선거를 감행한 주모자들과 독재의 비호하에 국가 재산을 취득한 자들의 기본권을 제한해야 한다는 비등(沸騰)한 여론에 따라 소급입법의 근거를 만들기 위함이었다.

제4차 개헌은 형벌불소급의 원칙이라는 헌법에 까지 규정된 형사법상의 대원칙에 반할 뿐만 아니라, 소급입법에 의해 개인의 중요한 기본권인 참정권과 재산권을 제한할 수 있게 한 점에서 위헌의 논란이 많았다. 소급입법에 의해서까지 처벌하지 않을 수 없었던 당시의 현실과 법의 원칙 간의 갈등은 단순한 정치보복으로만 치부할 수 없는 복잡함이 내재되어 있었다.

제5차 개헌(1962년 12월 26일) — 5·16 군사혁명정부에 의한 개헌(제3공화국 헌법)

국회의 문란, 정부의 무능, 무절제한 자유의 남용 등으로 국정이 혼란하다는 이유로 군이 직접 정치에 개입하기 위한 군사혁명이 4월 혁명 다음해인 1961년 5월 16일 감행되었다. 이로써 헌정 이래 4·19 혁명에 이어 두 번째의 헌법질서 정지 사태가 발생했다. 국회는 해산되어 그 기능을 국가재건최고회의가 대행하게 되었고 헌법은 비상조치법에 저촉하지 않는 범위 내에서만 보장되었다. 이로써 1960년 헌법은 사형선고를 받은 셈이다.

국회가 해산된 상황에서 헌법개정에 대한 민주적 정당성을 담보하기 위한 방안으로 국민투표를 통한 개헌을 위해 국민투표법을 제정, 공포했다. 혁명정부는 1962년 11월 5일 개헌안을 공고했으며 12월 6일 최고회의의 의결을 거쳐, 12월 17일에 우리 헌정사에 최초로 국민투표에 의한 개헌안이 확정되었으며, 12월 26일에 공포되었다.

제5차 개헌은 군사혁명에 의해 정부의 법적 연속성이 단절되었을 뿐만 아니라 개정된 헌법의 내용도 통치구조를 비롯한 전반에서 이전 헌법과 질적인 차이를 가지고 있기 때문에 사실상은 개헌이라기보다는 새로운 헌법의 제정이라고 볼 수 있다. 따라서 제5차 개헌에 의해 수립된 정부를 과거와 구별해 '제3공화국'이라고 부른다.

제5차 개헌은 헌법 전반을 대폭 수정했다. 무엇보다도 대통령제 정부형태를 채택했다. 제2공화국의 의원내각제가 정국의 불안과 사회질서 문란에 대응할 수 없었던 점을 감안해 강력하고 안정된 정국, 신속한 국정운영을 위해 대통령제를 채택했다. 정당정치를 확립하기 위해 강력한 정당 조항을 두었다. 국회 구성은 단원제로 환원해 국회운영의 신속성과 능률성을 도모하려 했다. 국민의 기본권 보장도 강화하는 등 전반적인 헌법체계도 개선했다. 헌법개정에 대한 국민투표제를 도입했다. 최고 기본법인 헌법이 개인의 정치적 목적으로 쉽게 바뀔 수 없도록 하기 위해 헌법개정은 국회의 의결 후 국민투표에 의해 확정되도록 했다.

제5차 개헌은 5·16 군사혁명의 완성을 의미하는 것이었다. 따라서 혁명과 더불어 기존의 헌정질서가 중단된 상태에서 기존 헌법의 개정 절차는 완전히 무시된 채 혁명정부의 편의에 따라 이루어진 것이었다. 내용 또한 이전 헌법의 통치체계와는 전혀 다른 전면적 개정이었다. 따라서 비록 개정이라는 용어를 사용하고 있으나 이는 새로운 헌법의 제정이었다.

혁명 후 계엄하에서 군사정부 주도로 개헌이 이루어짐에 따라 개헌안에 대한 다양한 정치 세력의 참여와 자유로운 토론의 기회가 봉쇄되었다. 전국에 내려진 계엄령도 개헌안에 대한 국민투표 일인 1962년 12월 17일에 불과 열흘 정도 앞선 12월 5일에야 해제되었다. 개헌안에 대한 공청회 등은 최소한의 정당성 확보를 위한 요식행위에 불과했다. 정치권의 참여가 봉쇄됨에 따라 개헌에 대한 실무 작업은 주로 학자들에 의해 진행되었다. 따라서 정치적 타협이나 고려보다는 학문적, 이론적 입장에서 토론이 많이 진행되었다. 법리적 측면에서 과거보다 더욱 세련된 점을 보이고 있는 것도 이 때문이다. 군사혁명에 대한 비판이 여전하고 혁명정부의 지지기반이 취약한 상태에서 이들을 보완해줄 수 있는 그룹은 전문가인 학자들이었다. 과거의 개헌이 정치권의 일방적 주도로 이루진 것과 대조를 보인다.

개헌 작업에 참여한 학자들의 가장 큰 관심사는 안정된 국정운영을 위해 대통령제를 채택하되 어떻게 하면 대통령의 독주와 독재를 방지할 수 있을까 하는 것이었다. 대통령의 권력남용을 방지하기 위한 제도적 장치에도 불구하고 현실은 이론처럼 진행되지 않았다. 박정희 대통령은 다수당인 여당의 지원으로 신속한 경제발전을 위한 중앙집중식 행정을 전개함에 따라 군대조직의 특성인 일사불란한 국정운영을 행함으로 권위주의적 색채를 강하게 보여주었다. 박 대통령은 1967년 재선에 성공했고 국가주도의 경제발전을 가속화함에 따라 권위주의적 색채는 더욱 강화되어 갔다.

제6차 개헌(1969년 10월 21일) — 박정희의 3선을 위한 개헌

제6차 개헌은 박정희 대통령의 3선 연임을 위한 것이었다. 5·16 혁명의 결과 만들어진 제3공화국 헌법은 대통령의 임기를 1차에 한해 중임할 수 있도록 한정하고 있었다. 집권여당이 개헌안 통과선을 장악하자 야당과 국민의 반대에도 불구하고, 여당은 박 대통령의 계속 집권을 위해 연임을 1차가 아니라 2차까지 할 수 있도록 연임 회수 제한을 완화하는 개헌안을 국회의원 122명의 명의로 1969년 8월 7일 국회에 제출하였다.

9월 13일 국회의장이 표결을 선포하자 야당의 필사적인 반대로 정회를 거듭했다. 토요일인 9월 13일은 결국 표결에 이르지 못했다. 그러자 집권여당은 국회 본회의장이 야당에 의해 점거중인 가운데 일요일인 다음날 새벽 전격적으로 예상 밖의 방법으로 개헌안을 통과시켰다. 9월 14일은 일요일로 국회가 휴회해야 함에도 여당 국회의원 62인의

본회의 재개 요구가 있어 14일 새벽 2시 28분에 제3별관에서 속회되었다. 개헌에 반대하는 야당 국회의원들은 본회의장 점거로 별관에서 진행되는 회의 속개도 몰랐다. 야당이 출석하지 않은 가운데 공화당을 비롯해 개헌안에 찬성하는 122명의 국회의원은, 본회의장은 야당의원들이 점거해 농성중이므로 제3별관을 사용할 것을 이의 없이 가결하였다. 곧 이어 기명투표를 실시한 결과 재석 122명 중 찬성 122표의 만장일치로 가결되었다.

국회에서 가결된 개헌안은 헌법에 규정된 절차에 따라 10월 8일 국민투표를 공고하고 10월 17일 실시된 국민투표에서 65.1퍼센트의 찬성으로 가결, 확정되었다. 이번 개헌은 국회에서 1표의 반대도 없이 통과된 두 번째 개헌이며, 제2차 개헌에 이어 두 번째로 대통령의 3선을 가능하게 한 개헌이었다.

개헌을 주도한 집권여당의원들은 변칙적인 절차로 개헌안을 통과시켰다. 본회의장이 아닌 별관에서 한밤중에, 심지어는 의사진행을 야당에 들키지 않도록 하기 위해 불도 켜지 않은 상태에서 시작하면서 국가적 중대사인 개헌안을 통과시켰다. 비록 국회의 결의에 의해 개회했다고 하지만 과연 일요일, 그것도 새벽 2시에 비공개로 한 이러한 결의가 유효한 것인지, 야당의원에 대한 통지도 없이 이루어진 회의가 유효한 것인지 하는 등 절차상의 하자가 문제된다.

그러나 우리 법원은 이러한 변칙적 절차를 국회의 자율권이라는 이름으로 그 적법성 판단을 거부했다. 즉 법안 또는 결의가 국회를 통과해 유효하게 성립되었느냐의 여부는 입법부의 자율권에 속하며 입법부 자체에 의해 결정된다. 따라서 입법부가 유효하게 성립되었다고 결정하면 이로써 확정되고 사법부는 권력분립의 원칙에 따라 이를 승인하고 간섭하지 말아야 한다는 것이 대법원의 판단이었다(1972.1.18. 대판 71도 1845).

이러한 절차상의 하자에도 불구하고 개정된 헌법은 아무런 장애 없이 효력이 발생했으며 따라서 예상대로 박 대통령의 3선도 가능했다.

제7차 개헌(1972년 12월 27일) ― 박정희의 영구집권을 위한 개헌(제4공화국 유신헌법)

제6차 개헌에 의한 3선 개헌 후 있었던 1971년의 대통령선거와 국회의원선거에서 야당은 예상외로 많은 국민적 지지를 얻었다. 대통령선거에서 야당후보인 김대중은 열악한 환경 속에서도 40퍼센트를 획득함으로써 42퍼센트를 얻은 박 대통령을 놀라게 했다. 국회의원선거에서도 야당은 국회에서 개헌안을 저지할 수 있는 의석을 확보하며 선전했다. 이러한 환경에서 국회에서는 여야 극한적 대립이 계속되고, 학생들의 반정부 데모가 격화되었다.

이에 박 대통령은 1971년 11월 비상사태를 선포하고, 이어서 국회는 12월 27일 「국가보위에 관한 특별조치법」을 제정했다. 이 법률은 국가안전보장을 위해 대통령이 비상사태를 선포할 수 있게 했다. 또한 경제규제, 국가동원령선포, 특정지역에의 이동·입주조치, 집회 및 시위규제, 언론출판규제, 근로자의 노동3권규제 등 기본권 제한을 포함한 광범위한 권한을 대통령에게 부여했다. 비록 국가의 위기를 극복하기 위해 제정된 법률이라 하더라도 초헌법적 효력을 가짐으로써 위헌 시비 등 많은 논란을 가져왔다. 그러나 위의 법에 규정된 비상조치는 다음해 10월까지 큰 역할을 하지 않았다.

1972년 7월 4일 남북공동성명의 발표는 전 국민을 놀라게 했다. 남북 쌍방이 자주적 통일, 평화적 통일, 민족 대단결의 3대원칙에 합의하고 통일문제를 협의하기 위한 기구로 남북조절위원회를 구성, 운영하기로 합의했다. 이러한 남북관계는 지금까지의 대결적 대북정책과 차원을 달리 하는 것으로 그 법적 성격과 정당성에 관한 논란이 있었다. 남북대화는 곧 이어 박 대통령의 정권유지를 위한 수단으로 이용되었다.

박 대통령은 마침내 1972년 10월 17일 '우리 헌법과 각종 법령, 그리고 현 체제는 동서 양극 체제하의 냉전시대에 만들어졌고, 하물며 남북의 대화 같은 것은 전연 예상치도 못했던 시기에 제정된 것이기 때문에, 오늘과 같은 국면에 처해서는 마땅히 이에 적응할 수 있는 새로운 체제로의 일대 유신적 개혁이 있어야하겠다'며 이른바 10월 유신을 선언하면서 헌정질서를 중단했다.

10·17 비상조치가 내려진 지 10일도 채 지나지 않아 해산된 국회를 대신한 비상국무회의는 10월 26일 헌법개정안을 의결하고 이를 27일 공고했다. 이미 사전에 개헌안까지 마련하고 각본대로 일사천리로 진행한 것이다. 11월 21일에 비상계엄하에서 실시된 국민투표에서 총유권자의 91.9퍼센트의 투표와 투표자의 91.5퍼센트 찬성이라는 절대다수로 개헌안이 확정되었다. 대통령은 12월 27일 이를 공포했다. 이것이 바로 악명 높은 유신헌법이다.

유신헌법은 앞에서 본 바와 같이 이전 헌법과의 연속성이 단절되고 내용도 질적인 면에서 차원을 달리하기 때문에 새로운 공화국인 '제4공화국' 헌법이라고 부른다. 유신헌법은 박 대통령의 영구집권을 위한

장치로 마련된 것이었다. 유신헌법의 가장 큰 특징은 통상적인 대통령
제하의 대통령의 권한 외에 3권을 초월해 절대적 권력을 행사할 수 있
게 한 점이다. 견제와 균형의 원칙에 기초한 전통적 대통령제에서는 볼
수 없는 막강한 권력을 대통령에게 부여했다. 그럼에도 대통령은 국민
에 의해 직접 선출되는 것이 아니라 통일주체국민회의에서 간선으로
선출되고 6년의 임기를 가지며 연임에 제한도 없다. 또 국가의 중요한
정책에 관해 국민투표에 부칠 수 있고 헌법개정안의 발의권도 갖는다.
국회와의 관계에서 대통령은 국회의원 정수의 3분의 1에 해당하는 수
의 국회의원을 지명할 권한을 가지며, 나아가서 대통령은 국회를 해산
할 권한도 가진다. 또한 헌법적 효력까지 갖는 긴급조치권을 발동할 수
있는 권한을 가지고 있다. 이러한 권한은 국회를 견제하는 범위를 넘어
사실상 국회를 대통령의 통제하에 두려는 것이었다.

제7차 개헌의 문제점은, 첫째 절차상의 문제이다. 대통령이 헌법에
도 규정되어 있지 않는 비상조치로 헌정질서를 중단시키고 일체의 정
치활동을 금지해 국민적 참여가 완전히 봉쇄된 상태에서 개헌이 추진
되었다. 헌법에 규정된 개헌절차를 따르지 않았음은 물론이다. 개헌안
은 비밀리에 극소수의 사람들에 의해 만들어졌다. 개헌안이 국회가 아
닌 비상국무회의에서 비공개로 제안, 통과되었음으로 심의과정도 일반
에게 알려지지 않았다. 공개토론이나 공개심의 등의 정상적 절차 속에
서는 도저히 용납될 수 없는 개헌안임을 스스로 입증한 셈이었다.

하지만 개헌안이 국민투표 결과 91.5퍼센트 찬성이라는 압도적인 지
지로 통과되었음에도 불구하고 제4공화국 출범 이후 바로 개헌청원운
동이라는 국민적 저항에 부딪치게 되었다. 이에 대통령은 비상시를 위

해 헌법에 규정된 긴급조치권을 발동해 유신헌법에 대한 반대, 비방, 개헌을 금지시켰다. 비상조치에 의해 억압하지 않으면 유지될 수 없는 유신체제가 되고 만 것이다. 국민의 실질적 동의가 무시된 채 강요된 형식적 동의로 얻은 정당성이 얼마나 취약한 것인지를 보여주는 좋은 예이다.

둘째, 내용상의 문제점이다. 유신헌법은 전통적인 견제와 균형에 기초한 3권 분립의 원칙을 정면으로 무시한 대통령 1인의 영구집권을 합리화하기 위한 것이었다. 정부는 통상의 대통령제에서는 볼 수 없는 유례없는 대통령의 강력한 권한을 프랑스 드골 헌법과 유사하다며 강변했다. 즉 드골 헌법에서처럼 대통령에게 영도자적·조정자적 지위를 부여해 국가가 당면한 위기에 효과적으로 대처하자는 것이었다. 그러나 어느 누구도 드골이 자신의 개인적 집권을 위해 절차를 무시한 헌법을 만들고 대통령에게 주어진 비상권을 행사한 독재자라고 인정하지 않는다.

제8차 개헌(1980년 10월 27일) — 10·26 사태 후 신군부의 개헌(제5공화국 헌법)

유신체제에 대한 국민적 저항이 거세지고 과격한 반대 데모가 전국적으로 확산되었다. 부마(釜馬)사태로 국내 정세의 불안은 절정에 달했다. 이런 와중에 급기야 1979년 10월 26일 박정희 대통령이 현직 중앙정보부장에게 살해되는 사건이 발생했다. 강력한 독재자의 사망은 국정중심의 공백을 초래했고 그 공백을 군부가 점령했다.

부마사태와 10·26 사태로 비상계엄이 선포되고 박 대통령의 서거 후 최규하 국무총리가 헌법의 규정에 따라 대통령의 권한대행으로 취임한 후 곧이어 다시 통일주체국민회의에서 대통령으로 선출되었다. 이어 정치활동을 제한했던 긴급조치가 해제되고 복권조치가 일어나자 정치활동과 개헌논의가 활성화되었다. 그러나 군부의 정치적 야욕과 더불어 권력 핵심이 군부로 이동하면서 정세는 전혀 다른 방향으로 전개되었다.

전두환 보안사령관의 중앙정보부장서리겸임, 사북광부시위, 군부등장에 대한 학생시위 격화, 5·17 비상계엄의 전국확대실시에 의한 국회, 정당, 정치활동 금지, 광주민주화의거 및 진압, 권력형부정축재자 비리 척결, 국가보위비상대책위원회 발족(1980.5.31.), 최규하 대통령 하야(1980.8.16.), 전두환 국보위상임위원회위원장의 통일주체국민회의에 의한 대통령 선출(1980.8.27.) 및 취임 (1980.9.1.)으로 전두환을 중심으로 한 군부의 집권이 사실상 완료되었다.

그후 정부 주도로 마련된 개헌안을 대통령은 국무회의의 심의를 거쳐 1980년 9월 29일에 공고했고, 10월 22일 국민투표에서 확정되었다. 국민투표에서는 유권자의 95.48퍼센트가 투표했고, 투표자 중 91.6퍼센트가 찬성해 헌법개정안이 확정되었다. 정부는 1980년 10월 27일 개정된 새로운 헌법을 공포해 즉시 시행하게 되었다.

비록 기존 헌법의 개정절차에 따라 새 헌법이 개정되었지만 전면적 개정으로 이전 헌법과의 동일성이 유지되고 있다고 볼 수가 없다. 그렇기 때문에 헌법의 개정이 아니라 제정이라고 볼 수 있다. 따라서 새 헌법에 의한 정부를 '제5공화국'이라고 한다.

새 헌법은 대통령제 정부형태를 채택하되 유신헌법에 비해 대통령의 권한을 제한했다. 대통령의 임기를 7년 단임으로 제한한 것이 새 헌법의 가장 큰 특징이다. 헌정사상 평화적 정권교체를 이루지 못한 쓴 경험을 되풀이 하지 않기 위해 단임제를 취하되 임기는 비교적 장기인 7년으로 연장한 것이다. 헌법상 대통령의 임기조항을 개정하더라도 개정 당시의 대통령에게는 효력이 없도록 함으로써 과거와 같은 임기조항의 개정을 방지하려 했다. 그러나 대통령선거를 여전히 대통령 선거인단에 의한 간선제로 유지했다. 과거 직선제가 보여준 폐해를 벗어나기 위한 것이라고 하지만 국민적 지지를 얻기 어려운 상황에 있던 군부의 계속적인 집권을 도모하려는 것이었다. 새로운 선거인단에 의한 간접선거로 전두환은 대통령으로 다시 선출되었음은 물론이다. 이밖에도 유신헌법에서 3부를 영도하는 절대적 대통령의 지위로부터 비롯되는 권한, 예를 들면 국회해산권과 비상조치권의 발동요건 제한, 헌법개정안 제안권의 폐지 등을 통해 좀더 3권 분립에 기초한 대통령제로 복귀하고 있다. 대통령의 장기집권과 권력행사의 합리화를 위해 존재하던 통일주체국민회의를 폐지했다.

개정된 헌법은 국민의 지지를 얻기 위하여 유신헌법이 갖는 비민주성을 제거하지 않을 수 없었으나 여전히 대통령의 권한이 국회에 비해 상대적으로 강력한 권위주의적 체제였다. 여전히 대통령의 국회해산권을 유지하고 있으며, 대통령의 선출을 간선제로 함으로써 국민의사의 왜곡이 쉽게 가능할 수 있게 되었다.

무엇보다도 문제가 되는 것은 개정절차의 비민주성이다. 비록 기존 헌법의 개정절차에 따라 이루어졌지만 개정안이 마련되는 동안 계엄이 선포되어 정치활동이 금지되고 언론이 통제되었다. 따라서 모든 절차는 권력을 장악한 군부의 의도대로 진행되었다. 과거 5·16 혁명 후 군부의 집권절차와 유사하다. 따라서 제8차 개헌이 갖는 내용상의 비민주성은 바로 이러한 절차상의 비민주성에 따르는 당연한 결과이다. 군부의 계속적인 집권을 가능하도록 개헌이 이루어진 것이다. 이러한 민주적 정당성의 빈곤은 개헌안이 국민투표에서 절대적 지지를 받고 확정되었음에도 불구하고, 국민의 저항에 직면하게 되었다. 유신헌법과 동일한 전철을 밟게 된 셈이다.

제9차 개헌(1987년 10월 29일) – 현행 헌법(제6공화국 헌법)

제8차 개헌에 의한 제5공화국 출범이래 제5공화국 헌법의 정당성이 계속 문제가 되고 특히 대통령 선거인단에 의한 대통령 간선제가 논란의 대상이 되었다. 국민은 대통령 직선제를 위한 헌법개정을 요구했다. 특히 1985년 2월 12일 국회의원선거에서 대통령직선제 개헌을 선거공약으로 내세운 야당(신민당)이 다수 득표해 정치권에 진출하자 헌법개정은 중대한 정치 이슈가 되었다. 야당의 줄기찬 개헌요구에 대해 집권당은 대통령 직선제 개헌을 포함한 국민의 민주화 요구를 수용했다. 마침내 여야합의에 의한 대통령직선제를 핵심 내용으로 하는 개헌안이 국회 재적의원 272명 중 264명의 서명으로 국회에서 발의되고, 10월 12일 절대다수로 의결되었다. 대통령은 9월 21일 국회에서 발의된 개헌안을 공고하고, 이어 중앙선거관리위원회는 10월 27일을 개헌안에 대한 국민투표일로 확정하였다. 개헌안은 마침내 국민투표에서 총 유권자 78.2퍼센트의 투표와 투표자 93.1퍼센트의 찬성이라는 절대적 지지로 확정되었다.

제9차 개헌은 당시 헌법에 규정된 개헌 절차에 따라 합법적으로 이

루어졌기 때문에 형식적으로는 '헌법의 개정'이다. 그러나 앞에서 본
바와 같이 대통령제의 권위주의적 요소를 제거하고 대통령 직선제를
채택하는 등 헌법 전반에 대한 전면 개정으로 이전 헌법과 질적으로
동일성을 유지하고 있다고 볼 수 없다. 그러므로 이론상으로는 새로운
'헌법의 제정'이라고 볼 수 있다. 따라서 9차 개헌에 의해 '제6공화국'
이 출범하게 되었다.

제6공화국의 출범을 가져온 제9차 개헌의 특성은 과거 권력집중 내
지 권력통합의 폐단을 방지하기 위하여 3권의 분립에 의한 견제와 균
형에 바탕을 둔 전통적 대통령제 정부형태에 가깝다는 점이다. 말하자
면 통치구조의 민주화가 이루어졌다. 대통령을 직선제로 선출하되 임
기는 5년 단임으로 한 것이 이전의 헌법과 크게 다른 점이다. 대통령의
국회해산권과 비상조치권을 없애고 계엄선포권, 긴급명령권만 허용했
다. 국회의 국정감사권을 부활했다. 기본권 보장을 강화하고 헌법재판
소도 신설했다.

제9차 개헌은 과거 어느 개헌보다도 민주적 정당성을 갖는 헌법이
다. 정치활동이 자유로운 정상적 상태에서 헌법에 규정된 절차에 따라
여야 정치권의 합의에 의하여 만들어졌기 때문이다. 제9차 개헌인 현
행 헌법이 과거 헌법에 비해 상대적으로 오랜 생명력을 유지하고 있는
것도 바로 이러한 민주적인 절차의 정당성에 기인하는 것이다.

그러나 이러한 우수성에도 불구하고 제9차 개헌이 갖는 문제점은 개
헌이 여야 정치권의 주도하에 이루어졌다는 점이다. 개헌이 이와 같이
정치권의 주도로 정치적 타협으로 이루어질 때 나타나는 현상이 바로
개헌이 정치적 이해관계에 따라 만들어진다는 점이다. 정치권의 정치

적 동기를 조금이라도 순화해 중립적 입장에서 장기적 안목으로 헌법을 마련하기 위해서는 정치인뿐만 아니라 학계, 법조계 등 중립적 세력이 개헌에 참여해야 하는 것이다. 그렇지 않으면 국가의 미래를 생각하며 장기적 차원에서 만들어지기보다 정치적 목적을 실현하기 위한 수단으로 개헌이 이용될 가능성이 높기 때문이다. 그럼에도 불구하고 이러한 중립적 세력의 참여가 배제된 상태에서 정치적 타협의 산물로 이루어질 때 현행 헌법이 지니고 있는 이러한 법리적 모순이 발생하게 되는 것이다. 헌법이 하나의 법체계로서 가지고 있는 논리성과 일관성이 약화되고 당시 대권을 두고 경쟁하던 주요 정치인들의 정치적 목적 실현을 위한 의지가 많이 반영된 것이다. 이는 결국 이러한 정치인들의 퇴조와 함께 헌법의 정당성이 약화될 수밖에 없게 된다.

우리 개헌사의 교훈

앞에서 본 우리의 개헌사로부터 우리는 무엇을 배울 수 있는가? 우리의 개헌사가 말하고 있는 것은 무엇인가? 여기서 우리 개헌사를 통해 나타난 한국 개헌의 특징을 살펴보자.

한국 헌법의 평균수명은 겨우 4.3년
우리 헌정사의 가장 큰 특색 중 하나가 바로 헌법의 수명이 짧았다는 점이다. 1948년 최초의 건국 헌법이 제정된 이후 마지막 개정이 이루어진 1987년까지 39년 동안 무려 9차례의 개헌이 이루어졌다. 다시 말하면 평균 4.3년마다 한번씩 개헌이 있었던 셈이다. 9차 개헌이 마지막 개헌이기 때문에 만약 2005년인 지금까지로 계산한다면 57년 동안 9차례 개헌이 있었던 셈이니 평균 6.3년마다 한 번씩 개헌이 있었다. 여전히 잦은 개헌이었다. 잦은 개헌으로 헌법의 권위는 그만큼 더 손상될 수밖에 없었다. 국가 최고법인 헌법이 이렇게 자주 개정되었다는 사실만으로도 그동안 우리의 정치사가 얼마나 불안정했는지를 쉽게 짐작할 수 있게 해준다.

집권자의 권력 정당화를 위한 개헌

잦은 헌법개정이 이루어진 이유는 다름 아닌 집권자의 집권을 정당화하거나 권력을 계속 연장하기 위해서였다. 기존의 헌법 틀 속에서는 집권이 헌법에 반하거나 불가능하기 때문에 헌법의 보장을 위해 권력을 포기하는 것이 아니라 반대로 헌법을 자신의 권력유지에 맞게 바꾸어온 것이다. 당연히 헌법개정을 추진하는 집단은 집권자 내지는 집권 여당이었다.

지금까지의 우리 헌정사를 보면 헌법개정이 이루어지는 계기는 두 가지였다. 물론 위와 같이 정치권력 담당자들이 권력을 유지하기 위해 국민의 이름을 빌려 일방적으로 개헌한 것이 대부분이었다. 또 하나의 계기는 국민의 요구로 개헌이 이루어진 경우이다. 1960년 4월 혁명 이후 의원내각제로의 개헌과 부정선거 관련자 등을 처벌하기 위한 소급입법을 제정하기 위한 개헌, 그리고 1987년 6·29 민주화 선언으로 현행 헌법을 가져온 지난 마지막 9차 개헌이 후자의 방식이다.

국민의 열망 없이 집권세력에 의해 일방적으로 개헌이 추진될 경우

개정 내용이 아무리 우수하다 해도, 또는 어떠한 이론이나 미사여구가 동원되더라도 이는 정당화될 수 없다. 지금까지의 예를 보면 불순한 동기로 마련된 것이 좋은 결과를 가져온 예가 없다. 그러한 개헌은 국민투표에서 높은 지지율로 확정되었으나 곧 국민적 저항에 부딪쳐 새로운 개헌을 요구받았다.

개정절차의 불법성과 비민주성

앞에서 본 것처럼 집권자의 사욕을 위한 헌법개정에 국민이나 야당이 순순히 동조할 리 없는 것이다. 집권자는 기존의 헌법개정절차가 집권에 장애가 되면, 초헌법적 수단을 동원해 개헌을 하거나 언론의 통제 등을 통해 반대 세력을 무력화하고 실력행사를 통해 강제로 형식적 개헌절차를 충족했다.

전혀 헌법에 규정되어 있지도 않은 초헌법적 권한 행사로 헌법의 효력을 정지해 헌법에 규정된 절차와 전혀 다른 절차에 의해 개정을 하거나 개헌 정족수에 미달한 경우마저 강행한 경우도 있었다. 개헌안에 대한 자유로운 토론을 금지하기 위해 계엄을 선포하기도 하였다. 국회 본회의장이 아닌 별관에서 심야에 개정안을 처리하는 변칙도 있었다. 발췌개헌, 사사오입개헌 등의 구체적인 사례는 이미 앞에서 본 바와 같다.

국민의 지지라는 실질적 정당성이 결여된 상황에서 집권자가 정당화할 수 있는 유일한 수단은 형식적으로나마 법적 외관을 통해 그 절차를 충족시키는 것뿐이었다. 외견상의 합법성만을 가장한 강요된 개정절차가 갖는 비민주성은 헌법의 정당성을 저해하게 되고 이어서 국민의 저항을 받게 되었다. 숫자상으로는 절대다수의 높은 지지도로써 개헌안이 통과되었으나 그 존속은 오래가지 못했다. 오히려 이와 같은 비정상적인 높은 지지도는 개헌 당시의 정치적 분위기가 그만큼 자유롭지 못했음을 반증하는 것이었다.

헌법개정의 주요 내용

이와 같은 목적으로 헌법이 개정되었기 때문에 개정의 내용도 주로 집권자의 권력유지 및 강화와 관련된 조항들이었다. 예를 들면 대통령의 집권연장을 위한 중임금지조항을 수정 또는 삭제하거나, 대통령 선출방식을 간선제에서 직선제로, 또는 직선제에서 간선제로 변경하는 것이 대표적이다. 이밖에도 국회나 법원의 대통령에 대한 견제 기능을 약화 시키고 대통령의 권한을 강화하는 내용도 많았다. 대통령의 긴급권 확대나 국회의원선임권, 법관임명권 등이 여기 속한다.

헌법은 크게 기본권과 통치구조로 나누어져 있다. 물론 이 두 가지 가운데 기본권이 더욱 중요한 내용이다. 국가의 존재 이유가 바로 주권자의 권익을 보호하기 위한 것이기 때문이다. 이런 관점에서 보면 통치구조도 기본권 보장을 위한 수단에 지나지 않는다. 그럼에도 불구하고 우리나라의 헌법개정사를 보면 개정의 관심사는 바로 위와 같이 대통령의 임기나 권한, 대통령과 국회의 권한관계 등과 같은 통치구조에 집중되어 있었다. 기본권에 관한 조항은 부수적으로 구색 맞추기 차원에서 개정되었다. 이러한 사실은 통치구조에 대한 민주화가 이루어지지 않고서는 기본권의 보장은 공염불에 지나지 않음을 보여주고 있는 것이다.

지금 논의되고 있는 개헌의 핵심도 바로 통치구조 부분이다. 그 중에서도 특히 정부형태가 최대의 관심사다. 민주적 절차에 의해 충분한 논의를 한다면 통치구조뿐만 아니라 기본권을 포함한 헌법 전반을 더욱 민주화, 선진화하는 방향으로 개헌이 이루어져야 할 것이다.

정부형태는 어떠한 것이 있는가?

'개헌'하면 곧 정부형태의 변경을 의미할 정도로 우리의 개헌의 핵심은 정부형태이다. 우리의 지난 헌정사를 보면 현재 지구상에 통용되고 있는 가장 전통적이고 대표적인 정부형태인 대통령제와 의원내각제 가운데 어느 것을 선택할 것인가 하는 것이 중요 이슈였다. 지금도 의원내각제를 당론으로 주장하고 있는 정당이 있을 정도이다. 이밖에 이원정부제나 앞의 형태들이 절충된 정부형태도 거론되기도 했다. 마치 정부형태가 헌법운용의 성공여부를 미리 결정하는 양 중요한 의미를 부여했다.

우리나라의 바람직한 정부형태를 논하기에 앞서 그러면 과연 정부형태란 무엇이며 이러한 구체적인 정부형태의 특성은 어떠한 것인지 살펴보도록 하자.

정부형태란 무엇을 의미하나

인류의 정치현실의 경험이 보여주는 바와 같이 국가권력의 독점과 통합은 권력의 남용으로 이어지고 국민의 자유와 권리는 유린되었다. 이러한 교훈을 바탕으로 국가권력의 분립은 이제 민주주의의 핵심 요소로 널리 인정되고 있다. 따라서 적어도 자유민주주의를 표방하고 있는 국가의 헌법은 예외 없이 권력분립의 원리를 헌법의 기본원리의 하나로 받아들이고 있다.

정부형태라 함은 국가권력구조에서 이러한 권력분립의 원리가 어떻게 구현되고 있느냐 하는 것이다. 국가권력구조는 크게는 일차적으로 주권자로서 최고국가기관인 국민과 국민으로부터 수임받은 권한을 행사하는 총체적 국가기관으로서의 정부로 나눌 수 있다. 좁게는 정부를 다시 권력분립의 원리에 따라 입법부, 행정부, 사법부로 나눌 수 있다. 통상 우리가 말하는 정부형태란 이 세 개의 부서가 국가권력을 어떻게 분배하느냐에 관한 것이다.

그러나 이 세 부서 중 사법부는 중립적 기관으로 사법권 독립의 원칙하에서 재판기능을 담당하고 있기 때문에 국가권력 배분에 그렇게 중요한 의미를 갖지 않는다. 따라서 사실상 정부형태와 관련된 논의는 주로 입법부와 행정부 상호간에 어떠한 원리하에서 국정을 수행하고 상호 권한분배 관계는 어떻게 이루어지느냐 하는 것이 핵심이다.

대통령제

대통령제의 의의

고전적 의미의 대통령제는 엄격한 권력분립의 원칙하에서 입법권은 의회에, 행정권은 대통령을 수반으로 하는 정부에, 사법권은 법원에 부여해 국가권력을 서로 독립시키면서 상호 견제와 균형 속에서 국정을 수행하게 하는 것이다. 대통령은 국민에 의해 선출되고 임기 동안 의회에 대해 책임을 지지 않고 의회로부터 독립된 지위를 갖는 것이 특징이다.

최초로 대통령제가 지구상에 출현한 것은 미국의 헌법에서부터였다. 미국헌법 제정자들은 당시 식민지 종주국인 영국의 압제를 경험하면서 독립된 미국에서는 가능한 한 국가권력을 제한해 '제한된 정부(limited government)'를 만들려고 했다. 당시 그들이 우려했던 것은 지금과 같은 대통령의 권력남용이 아니라 오히려 당시 영국에서와 같이 전권을 행사하는 의회의 권한을 제한하는 것이었다. 의회가 독점적으로 행사하고 있던 국가권력을 분리해 대통령과 서로 견제·균형하게 하고 대통령을 의회로부터 독립시켜 독자적 책임하에 행정권을 행사할 수 있게 한 것이다.

미국의 대통령제는 그후 여러 나라에 도입되어 구체적 실현방법은 개별 국가의 상황에 따라 다소 차이를 보이고 있다. 그러나 일반적으로 대통령제라고 하면 으레 미국의 대통령제를 의미한다. 그렇기 때문에 여기서 소개하는 대통령제의 특징도 바로 미국 대통령제를 말한다. 미국의 대통령제와 다른 변형된 다양한 대통령제도 있으나 대통령이 의례적인 명목상 지위가 아닌 집행부서인 행정부의 실질적인 수반으로, 국정의 중심에서 의회로부터 독립된 지위를 유지하는 점은 공통된다. 따라서 대통령제는 대통령책임제 또는 대통령중심제 등으로 부르기도 한다.

대통령제의 특징

① 행정부의 일원적 구조

대통령은 국가의 대표인 동시에 행정부 수반으로 행정권은 대통령에게 통합되어 있다(의원내각제에서는 명목적, 의례적 국가대표권만을 가지는 대통령과 실질적인 행정권을 가지는 내각수반으로 이원화되어 있다). 따라서 내각이 존재하는 경우에도 헌법상의 기관이 아닌 대통령의 자문기관에 불과하다. 내각의 구성원인 각원은 내각의 수반인 대통령에 의해 임면되고 대통령에 대해서만 책임을 진다. 각원과 장관의 지위상 구별도 없다. 대통령을 보좌하는 부통령을 두고 있으나 국무총리는 두지 않는다.

대통령제는 행정부 자체는 일원적이지만 입법부와의 관계에서 보면 이원적 구조를 가지고 있다. 즉 대통령과 의회가 각각 따로 국민에 의하여 선출됨으로써 민주적 정당성의 부여가 이원화되어 있는 것이다. 이러한 상호독립과 분리는 후술하는 바와 같이 장점인 동시에 단점이 된다.

② 입법부와 행정부의 상호독립

먼저 조직의 성립면에서 대통령과 국회의원은 국민이 각각 따로 선출한다. 또한 장관과 의원의 겸직이 금지된다. 상호독립의 원칙상 대통령은 임기중 의회에 대해 책임을 지지 않고 대통령도 의회를 해산할 수 없다. 대통령이나 장관은 법률안 제안권이나 의회출석발언권이 없다. 다만 대통령은 교서를 통해 국회에 자신의 의사를 전달할 수 있다. 후술하는 바와 같이 의원내각제에서는 내각의 성립이 국회에 의존하기 때문에 이러한 제한이 불필요하게 된다. 그러나 오늘날과 같은 정당제도하에서는 정당을 매개로 한 입법부와 행정부가 밀접한 관계를 맺고 있다.

③ 입법부와 행정부 간의 상호 견제·균형

입법부와 행정부는 서로 간섭이 금지되나 상호독립성으로 초래될 무책임을 방지하기 위해 유기적 관련성을 통해 견제와 균형을 이루도록 하였다. 즉 대통령은 법률안 제안권은 없으나 법률안거부권과 법률안 공포권을 통해 입법부를 견제하며, 의회는 대통령을 비롯한 고급공무원에 대한 탄핵심판권과 대통령의 고급공무원 임명에 대한 동의권, 조약에 대한 동의권 등으로 대통령을 견제할 수 있다. 이에 반하여 의원내각제에서는 엄격한 권력분립을 전제로 한 견제와 균형보다 서로 밀접한 협력을 바탕으로 하는 공화관계(collaboration)에 있다.

④ 부통령제의 채택

대통령제에서 대통령은 국가의 원수일 뿐만 아니라 행정부의 수반이므로, 대통령이 임기중 궐위됨으로써 정권이 교체되는 것을 방지하고 정국의 안정을 도모하기 위해 대통령직의 계승권을 가진 부통령을 두고 있다. 부통령도 대통령과 함께 국민에 의해 직접 선출되기 때문에 이러한 계승권은 정당성을 가지게 된다. 따라서 따로 국무총리를 두지 않는다.

⑤ 양원제 의회

법의 지배하에 있는 자유민주주의 국가에서 국가기능 가운데 가장 중요한 것이 입법권이다. 대통령도 입법에 의해 권한이 주어지지 않는 한 집행할 수 없다. 따라서 미국헌법의 제정자들은 입법부의 권력남용을 방지하기 위하여 의회의 권한을 다시 분리해 양원제를 채택했다. 물론 이밖에 미국 성립 당시의 연방국가적 성격에서 비롯되는 요구를 수용하기 위해 양원제를 채택한 이유도 있다. 양원제는 의원내각제 국가에서도 여러 가지 이유로 널리 채택되고 있는 제도이다.

대통령제의 장단점

① 대통령제의 장점

첫째, 국정 안정을 도모할 수 있다는 점이다. 적어도 대통령의 임기 중에는 국회의 신임 여부와 관계없이 그 직이 보장되기 때문에 행정부가 계속적으로 안정적인 국정을 수행할 수 있다. 대통령이 소신껏 국정을 수행할 수 있기 때문에 행정의 능률도 기할 수 있다. 이점이 대통령제의 가장 큰 장점으로 거론된다.

둘째, 국회 다수파의 횡포를 방지할 수 있다. 국회의 다수파가 횡포나 독주로 경솔한 입법을 할 때 대통령은 법률안거부권으로 다수의 횡포를 방지하고 소수자의 이익을 보호할 수 있다.

② 대통령제의 단점

첫째, 대통령의 독재 가능성이 높다. 대통령이 국가의 중요한 정책이나 의사를 결정하는 강력한 권한을 가지나 의회에 대해 책임을 지지 않기 때문에 독재화할 가능성이 높은 것이다. 특히 집권여당이 국회 다수당일 때 대통령은 강력한 권한을 행사할 수 있게 된다. 이런 점에서 보면 대통령제는 국정운영에 리스크가 큰 방식이다. 또한 대통령제에서는 승자독식의 구조가 유지되므로 정치권에서 야당의 지위와 비중은 약화된다. 대통령의 국정운영 실패에 대해서도 차기 선거 외에는 달리 문책할 수 있는 수단이 없다.

대통령제의 발생지인 미국에서는 연방제에 의해 국가권력이 먼저 연방과 주정부 사이에 분배된다. 그후 중앙정부의 권력이 3권으로 분립되며, 3권의 하나인 사법부도 법원의 권한이 강한 영미법의 전통 위에 입법부나 행정부에 대해 적절한 통제권을 행사하고 있다. 또한 중간선거에 의해 대통령의 임기중 일종의 신임투표에 가까운 심판을 받기 때문에 대통령의 독재가능성은 매우 낮다. 그러나 이러한 여건이 갖추어져 있지 않는 국가에서는 행정부 독재가 자주 출현하고 있다.

둘째, 국정의 통일적 수행이 어려울 수 있다. 권력분립의 원칙상 입법부와 행정부가 서로 분리되어 있기 때문에, 만약 대통령의 집권 여당이 국회 다수당일 때는 문제가 없으나 그렇지 않은 여소야대의 경우에는 오히려 정국의 불안이 조성될 수 있다. 이때 대통령은 포퓰리즘의 유혹에 빠질 가능성이 있으나 이를 통제할 수 있는 방법이 여의치 않다. 입법부와 행정부의 충돌시 이를 조정, 해결하는 제도적 장치가 없다. 예를 들면 국회가 입법이나 예산안을 통과시키지 않는 경우 행정부의 기능이 마비될 수 있다.

대통령제의 유형

앞에서 본 삼권분립형의 미국식 대통령제를 고전적 대통령제라 부른다. 그러나 많은 나라에서 미국식 대통령제를 그대로 채택하는 것이 아니라 이를 바탕으로 사회의 상황에 따라 다소 변형된 모습의 대통령제를 채택하고 있다. 따라서 지구상에 많은 국가가 대통령제를 채택하고 있으나 전적으로 동일한 대통령제는 없을 정도이다. 대통령이 국가의 대표이자 행정권의 수반으로 국정의 중심에 있으면서 의원내각제의 요소들을 일부 가미한 절충형의 대통령제가 많이 있다.

특히 주목할 것은 후진국가의 신대통령제이다. 신대통령제란 형식적으로는 권력분립을 비롯한 입헌 민주주의적 제도를 갖추고 있으나, 실질적으로는 대통령이 국회나 법원까지도 장악하고 있는 권력통합적, 권위주의적인 정부형태로 미국식 대통령제와는 전혀 다른 것이다. 그동안의 우리나라의 대통령제도 신대통령제나 절충형 대통령제라고 볼 수 있다.

의원내각제

의원내각제의 의의

의원내각제는 입법부와 행정부의 양 기관의 법적 분립을 전제로 하면서도 양 기관의 밀접한 협력을 내용으로 하는 정부형태이다. 의원내각제의 원형이 된 영국의 제도는 이론적 산물인 미국의 대통령제와 달리 오랜 역사적 과정을 통해 군주로부터 시민이 정치권력을 획득하는 과정을 통해 이룩된 정치적 경험의 산물이다. 따라서 영국의 의원내각제의 확립은 곧 의회주의에 기초한 대의제도의 성립을 의미한다. 지구상에는 다양한 유형의 의원내각제가 존재하나 여기서는 영국의 제도를 중심으로 살펴본다.

의원내각제의 특징

① 행정부의 이원성

의원내각제하의 행정부는 국가원수와 수상이 함께하는 이원적 구조를 가지고 있다. 국가원수인 군주나 대통령은 국정에 초연한 상징적 존재로 의례적이며 형식적인 국가대표권만을 가지고 있는 데 반해, 행정에 관한 실질적 권한은 내각이 가지고 있다. 따라서 행정권의 실질적 수반은 내각의 장인 수상이다. 의회의 다수당에 의하여 구성되는 의원내각제의 내각은 헌법상의 의결기관이며, 중요한 국사는 모두 내각의 의결을 거쳐야 한다.

그러나 의원내각제는 의회에 대해서만 국민이 민주적 정당성을 부여하고 집행부인 내각은 이를 바탕으로 구성되므로 민주적 정당성은 오히려 일원적인 구조를 가지고 있다.

② 입법부와 행정부의 상호의존 관계

의원내각제에서는 입법부와 행정부가 그 성립과 존속에 밀접한 협력관계를 이루고 있다.

첫째, 성립상의 의존이다. 내각의 수반인 수상은 국회에서 선출되기 때문에 다수당의 당수가 수상으로 선출되는 것이 원칙이다. 따라서 내각은 국회의 다수당으로 구성된다. 달리 표현하면 내각은 다수당의 간부회의와 비슷하게 된다. 이는 곧 내각의 성립이 국회에 의존하고 있음을 의미한다.

둘째, 존속상의 의존이다. 내각의 성립 후 존족까지도 국회의 신임을 전제로 하고 있다. 즉, 내각이 국회의 신임을 얻지 못하면 총사퇴해야 한다. 따라서 내각은 국회에 대하여 연대책임을 진다.

셋째, 내각이 국회에 의해 구성되기 때문에 권력분립상의 제약이 없다. 즉, 내각의 구성원인 각원은 국회의원을 겸할 수 있고 국회에 출석해 발언할 수도 있으며, 정부도 국회에 법률안 제출권을 갖는다.

③ 입법부와 행정부의 상호 견제·균형

위와 같이 행정부의 성립과 존속은 입법부에 의존하고 있다고 해서 행정부가 입법부에 예속되어 있는 것은 아니다. 비록 대통령제에서와 같은 엄격한 권력분립은 아니라도 양 기관은 법적으로 분리·독립되어 있으며, 서로 평등과 균형을 유지하고 있다. 내각의 성립과 존속이 국회에 의존하고 내각이 국회에 대하여 연대책임을 지지만, 그 대신 내각은 국회해산권을 가지고 있어 국회의 내각불신임권에 대항해 국회를 견제할 수 있다. 이와 같이 국회의 내각불신임제도와 내각의 국회해산제도를 통해 양 기관은 서로 견제하고 균형을 유지할 수 있게 되는 것이다.

의원내각제의 장단점

① 의원내각제의 장점

첫째, 내각의 성립과 존속이 국민의 대표기관인 국회에 의존하기 때문에 민주적 요청에 더욱 부합한다. 내각이 국회에 대해 직접 책임을 지고, 국회는 선거를 통해 국민에게 책임을 지기 때문에 책임정치의 구현에도 부합한다. 따라서 의원내각제에서 총선거는 정부를 선택하는 국민투표와 같은 역할을 하게 된다. 의회가 국정의 중심에 있는 의회주의의 구현에도 가장 적합한 정부형태이다.

둘째, 내각과 국회가 긴밀한 협조하에 있기 때문에 강력하고 신속하게 업무를 처리할 수 있다. 양자의 의견불일치에 의한 마찰로 인한 비능률을 피할 수 있다.

셋째, 만약의 경우 국회와 내각이 대립된다면 국회의 불신임결의권과 내각의 국회해산권으로 신속하게 해결할 수 있다. 또한 국가원수인 군주나 대통령은 국정에 대해 분파를 초월한 중립적인 위치에 있기 때문에 중재적 역할을 할 수 있다.

넷째, 내각은 국회의 신임하에서만 존속할 수 있기 때문에 국회의 신임을 얻기 위해 유능한 인재를 등용하고 부적절한 인재는 신속히 교체해야 한다. 내각 수반의 개인적 친소관계에 의한 각원임명이 제한받게 되는 것이다.

② 의원내각제의 단점

위와 같은 우수한 장점은 안정된 양대(兩大)정당제의 확립을 전제로 할 때 가능한 것이다. 만약 그렇지 못하면 오히려 전혀 반대의 현상이 나타날 수 있다.

첫째, 군소정당이 난립한 경우에는 정국이 불안정할 우려가 있다. 정치인의 정치적 타협정신이 부족한 경우 정치적 이해관계에 따른 정치적 구도에 따라 내각이 자주 바뀌는 혼란을 가져올 가능성이 있기 때문이다. 이때 국회는 정당 상호간의 이합집산으로 정권획득을 위한 정쟁장소로 변할 수 있다.

둘째, 위와 같은 상황에서 내각은 국회의 눈치를 볼 수밖에 없기 때문에 소신 있게 국정을 수행할 수 없게 된다. 오히려 국민을 위한 책임정치가 아니라 국회의 의중만 살피는 허약한 정부가 된다.

셋째, 만약 내각이 국회의 다수당과 합작하면 다수의 횡포를 견제할 수 있는 제도적 장치가 없다. 이때 다수당에 의한 독재는 오히려 합법화된다.

의원내각제의 유형

의원내각제도 원형인 영국의 제도를 바탕으로 변형된 다양한 유형이 존재한다. 영국에서는 내각이 의회의 다수당에 의해 구성되고 수상은 이를 바탕으로 강력한 권한을 행사한다. 말하자면 수상 중심의 내각이 국정의 중심이 되어 사실상 의회에 대해 우월적 지위에 있기 때문에 내각책임제라고 불린다. 그러나 수상과 내각이 권력행사를 자제하고 야당과 여론을 존중하기 때문에 권위주의로 변질되지 않고 있다. 이에 반해 의회는 정부에 대한 불신임권을 행사하나 정부는 의회를 해산하지 못하는 의회우위형 또는 정부불안정형의 의원내각제도 있다. 서독의 의원내각제와 같이 정부의 안정성을 유지하기 위해 의회가 차기 수상을 과반수 찬성으로 선임하지 않는 한 정부를 불신임할 수 없는 통제된 의원내각제도 있다. 또한 형식은 의원내각제이나 실질적으로는 의회와 정부를 모두 장악해 독재를 행하고 있는 나라도 있다.

이원정부제

이원정부제의 의의

이원정부제란 대통령제와 의원내각제의 각 요소를 결합해 대통령과 수상에게 행정권을 이원화하여 배분한 정부형태를 말한다. 평상시에는 국가원수인 대통령이 외교와 국방에 관한 권한을 행사하며, 내각수상은 그밖에 내정 일반에 관한 행정권을 행사하며 하원에 대해 책임을 지는 의원내각제 형식으로 운영된다. 하지만 위기시에는 대통령이 행정권을 전적으로 행사하는 정부형태를 말한다. 이원정부제를 달리 이원집정부제, 권력분산형 대통령제 또는 권력분산형 의원내각제라고도 한다.

이원정부제의 특색

이원정부제는 나라에 따라 다소 차이가 있으나 대체로 다음과 같은 특징을 가지고 있다.

첫째, 대통령은 의회에서 독립해 있다. 대통령을 국민이 직접 선출하며, 대통령의 행정권 행사에 대해 의회에 대하여 책임을 지지 않는다. 대통령은 전시와 같은 기타 비상시에는 긴급권을 가지고 있어 직접 행정권을 행사할 수 있다.

둘째, 내각은 의회에 대해 책임을 진다. 대통령은 수상을 지명하나 의회의 동의가 있어야 임명할 수 있다. 의회는 내각에 대하여 불신임권을 가지고 있으며, 내각은 의회에 대하여 연대책임을 진다. 대통령은 의회가 내각에 대한 불신임결의를 한 경우에는 의회를 해산할 수 있다.

셋째, 국가긴급시에는 대통령은 수상과 국무위원의 부서 없이도 행정권을 행사할 수 있다. 이때 대통령은 수상을 해임할 수 있고 국무회의를 주재할 수 있다.

넷째, 권력의 분점이 이중적으로 이루어진다. 즉 의회와 행정부 간의 권력분점이 있고, 다시 행정부 내에서도 대통령과 수상 간의 권력분점이 있게 된다.

이원정부제의 장단점

① 이원정부제의 장점

첫째, 평상시에는 의원내각제적으로 운영될 수 있기 때문에 입법부와 행정부의 대립에서 오는 마찰을 회피할 수 있다. 둘째, 국가 위기 시에는 대통령이 직접 통치함으로써 신속하고 안정된 국정처리를 가능하게 한다. 셋째, 행정부의 이원화로 행정부의 독주가 약화된다.

② 이원정부제의 단점

첫째, 대통령의 국가긴급권에 대해 내각과 의회의 견제권이 약하기 때문에 독재화 우려가 있다. 둘째, 대통령이 위기를 빙자해 비상권한을 행사하는 경우 국민대표기관인 의회의 권한이 축소·제한되어 국민주권주의에 충실하지 못할 가능성이 있고 국민의 여론을 외면하는 행정이 행해지기 쉽다.

이원정부제의 유형

이원정부제는 행정부의 권한을 대통령과 수상이 어떻게 배분하느냐, 대통령을 국민이 직접 선출하느냐, 간선제에 의해 선출하느냐, 수상과 각원의 임명 및 해임절차가 어떠하냐, 수상과 각원이 국회의원직을 겸할 수 있느냐 등에 따라 다르게 나타날 것이다. 대체로 대통령제와 의원내각제를 결합해 선택적으로 도입하는 것이 보통이지만 그 기본 바탕이 어느 것이냐에 따라 다르게 나타날 것이다. 의원내각제에 대통령제 요소가 가미된 정부형태, 대통령제에 의원내각제 요소가 가미된 정부형태, 이때도 그 가미된 정도가 어떠냐에 따라 달라질 것이다.

우리나라의 정부형태

우리나라는 의원내각제를 채택한 제2공화국(제3차 개헌) 시기를 제외하고는 기본적으로 대통령제를 채택했다. 그러나 그동안 우리 헌법상의 대통령제는 순수한 대통령제라기보다는 의원내각제 요소를 가미함으로써 절충형 대통령제라고 볼 수도 있다. 한편으로는 국무총리제로인해 이원정부제적 외양도 보여주고 있다. 그러나 그러한 외양에도 불구하고 대통령이 평시나 비상시를 가리지 않고 행정권의 중심에서 실질적인 권한을 행사하고 있기 때문에 어떤 수식어를 부치더라도 대통령중심제라고 부를 수밖에 없다. 나아가 대통령이 입법부나 사법부도직접 통제해 3권의 위에서 국정을 행사하는 신대통령제 정부형태를 채택하기도 했다. 제7차 개헌에 의한 유신헌법이 대표적인 예다.

그동안 우리가 채택했던 정부형태는, 그것이 대통령제이건 의원내각제이건 간에 그렇게 성공적이지 못했다. 그렇다면 새로운 개헌에 즈음할 때 우리의 바람직한 선택은 무엇인가? 다음 장에서 우리의 선택이, 그럼에도 불구하고 왜 다시금 대통령제이어야 하는지를 설명하려 한다.

대통령제인가?

4

대통령제인가?

왜 정부형태가 중요한가?

대통령제냐 의원내각제냐? 이것은 우리나라에서 헌법개정이 논의될 때마다 대두된 가장 중요한 이슈이다. 이 부분은 정치권의 정치구도 개편과 직결되어 있기 때문이다. 그러나 일견 다수의 여론은 여전히 대통령제를 선호하고 있는 듯하다. 그동안 대통령제에 익숙해져 거부감이 적다는 이유 외에도 분단상황하에서 강력한 리더십이 필요하다는 것 때문인 것으로 보인다.

그러나 헌법 이론상 보면 우리나라의 헌법개정 이슈는 주객이 전도된 감이 없지 않다. 헌법은 크게 기본권 보장에 관한 부분과 정부형태를 포함한 통치구조에 관한 부분, 이 두 부분으로 나누어져 있다. 헌법의 존재이유가 시민의 행복을 위한 것이기 때문에 헌법의 기본이념도 바로 시민의 자유와 권리를 보장하는 것이다. 따라서 헌법의 핵심적인 부분은 바로 기본권 보장에 관한 부분이다. 그렇다면 결국 통치구조라는 것도 어떻게 하면 기본권을 잘 보장할 수 있는지를 위한 수단에 지나지 않는다고 볼 수 있다. 그러나 또한 바로 이런 이유 때문에 통치구조가 중요한 의미를 가진다. 즉 통치구조의 민주화 없이는 기본권의 보장이 원활히 이루어질 수 없기 때문이다.

지금까지 우리나라는 9차례의 헌법을 개정했으나 그 핵심적 개정 내용은 대부분 권력구조를 둘러싼 문제에 관한 것이었다. 기본권 부분은 오히려 모양 갖추기식으로 부수적 개정이 많았다. 이는 곧 그동안 우리는 아직 통치구조의 민주화를 이루지 못했다는 것을 반증해주는 것이다.

삼권분립을 기본원리로 삼아온 우리 헌법하에서 통치구조의 핵심은 정부와 국회의 권한 배분관계로 볼 수 있다. 특히 대통령제의 경우 대통령의 권한이나 임기, 선출방법 등이 가장 중요한 부분이 될 것이다. 현재 우리 사회에서 개헌과 관련하여 논의되고 있는 핵심적인 부분도 바로 이러한 부분에 관한 것이다.

그동안의 한국의 정부형태

한국은 건국 이래 헌법을 9번 개정했다. 이 가운데 전면 개정이 6번이나 이루어지면서 이에 따른 정부형태에 변화를 가져왔다. 즉, 공화국이 6번이나 교체되었다. 각 공화국의 정부형태는 제1공화국(1948~1960)이 대통령제와 의원내각제를 혼합한 절충형을 채택했고, 제2공화국(1960~1962)은 의원내각제를, 제3공화국(1962~1972)은 제1공화국과 마찬가지로 대통령제와 의원내각제의 혼합형을, 제4공화국(1972~1980), 제5공화국(1980~1987)은 위기정부적 대통령중심제인 절대적 신대통령제를, 지금의 제6공화국(1987~현재)은 다시 대통령제와 의원내각제의 혼합형을 채택해 오늘에 이르고 있다. 이처럼 한국의 정부형태는 제2공화국 시기를 제외하고는 대통령제를 바탕으로 해 의원내각제적 요소를 일부 가미한 변형된 대통령제 형태를 취했다.

이와 같은 변형된 대통령제는 법리상으로는 대통령제에서 대통령의 전횡이나 독주를 정부차원에서 견제하고, 대통령과 함께 내각이 책임을 분담함으로써 내각의 권한과 책임을 강화하는 것으로 이해될 수도 있다. 그러나 현실 정치의 장에서는 그러한 기대가 실현되기 어려웠다. 국무총리나 국무위원이 사실상 임면의 전권을 가진 대통령을 견제한다는 것이 정치적 현실과 거리가 멀었다. 오히려 대통령이 책임을 져야 하는 대통령중심제임에도 불구하고 국무총리에게 책임을 전가함으로써 대통령의 책임을 회피하게 하는 방편으로 이용되고 있다.

우리 사회에서 대통령제가 지배적 형태로 자리잡은 데에는 여러 가지 원인이 있다. 전통적인 유교문화의 영향과 건국과정에서부터 사회 전반에 걸쳐 미국식 제도에 많은 영향을 받은 점, 남북대치 상황과 급속한 산업화가 요구하는 정치적 안정 및 위기관리 능력, 그리고 효율적인 국정운영의 필요성 등 때문에 대통령제가 옹호되었다. 그러나 그동안의 대통령제의 경험은 성공적이지 못했다. 그렇기 때문에 의원내각제로의 개헌 필요성이 끊임없이 주장되었다.

정부형태가 아니라 정치 자체에 문제가 있다

대통령제와 의원내각제 중 어느 것을 선택할 것인가, 그 이유는 무엇인가 하는 것이 설명되어야 할 것이다. 의원내각제가 더 민주적이라거나 또는 돈이 적게 든다는 등 의원내각제로의 개헌을 민주화의 이름으로 추진하려는 의견이 수시로 제기되고 있다. 그동안 우리나라의 민주화가 잘 이루어지지 못했다면 이는 우리가 대통령제를 선택했기 때문일까?

민주정치의 권력구조는 다양한 방식으로 조직될 수 있으나, 특히 대통령제와 의원내각제 가운데 과연 어느 것이 민주주의를 구현하는 데 더 바람직하냐의 문제는 끊임없이 논란의 대상이 되었다. 그러나 앞서 본 바와 같이 대통령제와 의원내각제는 각기 일장일단이 있기 때문에 한마디로 어느 형태가 더 낫다고 단정 짓기는 불가능한 것이다. 말하자면 정부형태와 민주주의 간의 선험적 조응관계는 존재하지 않는다고 할 수 있다. 우리는 미국의 대통령제가 영국의 의원내각제보다 못하다고 말할 수 없다. 물론 그 반대로도 말할 수 없다. 대통령제와 의원내각제라는 두 제도는 어떤 토양에서 어떻게 운영되느냐에 따라서 각각의 장단점이 달라질 수 있기 때문에 각국의 정치, 경제, 사회, 문화, 역사 등 제반 여건을 고려해 어느 제도가 특정한 나라에 더 적실성을 갖는지를 살펴야 할 것이다.

그동안 우리나라 대통령제가 가져온 여러 문제점인 장기집권, 권력집중, 정국혼란, 지역간 갈등구조의 심화 등은 내각제가 설득력을 갖는 배경이다. 즉 의원내각제는 제도적으로 권력의 집중화를 다소 완화시키고 여야 대치로 인한 국회파행 가능성을 상대적으로 줄일 수 있으며, 또한 국가원수와 정부수반을 분리함으로써 지역주의의 갈등을 겪고 있는 우리 사회에 국민통합이라는 긍정적 효과를 가져다줄 수 있다는 것이다. 뿐만 아니라 전문성 있는 유능한 인물들이 국회와 각료로 진출함으로써 대의정치를 활성화하고 국정의 효율성을 높일 수 있다.

그러나 이런 문제점은 사실 대통령제만의 고유한 현상이 아니라 우리나라 정치 자체의 고질적 현상이다. 말하자면 대통령제에 문제가 있는 것이 아니라 정치 자체에 문제가 있다는 것이다. 그동안 대통령제를 시행해왔기 때문에 대통령제의 단점이 부각될 수밖에 없었고, 따라서 의원내각제에 상대적으로 큰 기대를 걸 수밖에 없었던 것으로 보인다.

또 다른 각도에서 보자. 만약 우리가 의원내각제를 선택해 정치적 발전을 이루는 데 성공했다면 과연 의원내각제라는 제도 덕택일까? 대통령제라면 실패했을 터인데 의원내각제이기 때문에 성공했다는 것은 너무나 순진한 설명이다. 제도를 움직이는 것은 결국 사람이기 때문에 어느 제도나 그 성공 여부는 그 사회의 일반적인 수준에 의해 결정되기 마련이다. 대통령제는 잘되지 않는데 특별히 의원내각제라고 잘될 리가 없다.

의원내각제는 대안이 되지 못한다

의원내각제는 우리의 현실에 비추어 대통령제의 역기능적인 측면을 치유할 수 있는 권력구조상의 대안이 되지 못한다. 의원내각제하에서도 국회와 정부 간의 경쟁 내지 긴장관계가 약화됨으로써 오히려 대통령제 못지않게 권력남용이 가능할 수 있다. 아니면 반대로 정당제가 안정되지 않은 사회에서는 정당간의 경쟁·긴장 관계가 더욱 심화되어 당파적 이해관계로 이합집산이 빈번해 정치적 불안이 가중될 위험이 높다.

의원내각제로의 전환이 지역갈등을 완화하고 국민통합에 긍정적일 수 있다는 견해 역시 그리 설득력이 없다. 왜냐하면 의원내각제하에서도 대통령제와 마찬가지로 실권자 또는 특정 정당이 지역 연고에 따라 얼마든지 특혜정책을 펼 수 있기 때문이다. 의원내각제는 오히려 지역할거주의를 고착화 또는 정당화할 소지가 더 강하다. 우리 정치권이 국회해산권이나 정부불신임권의 남용을 절제할 수 있을 정도로 이미 성숙해 있다면 정치권에서 정부형태의 문제가 그렇게 중요한 이슈가 되지 않을 지도 모른다. 당파간 이해관계의 타협으로 국정이 수행될 때 국민의 희생하에 정치인은 기득권을 유지하게 될 것이고 특히 경제적 기득권자들의 영향력이 강화됨으로써 경제에 대한 정치의 예속이 강화될 것이다.

의원내각제는 전통적으로 귀족제에 바탕을 둔 원로 정치적 성격을 갖는 것으로 정치적 안정을 바탕으로 기득권을 보호하기에 적합한 제도이다. 의원내각제에서는 대통령제에서와 같이 국민 여론을 바탕으로 정치인의 이해관계에 반하는 정책을 실시하기가 매우 어려울 것이다. 또한 의원내각제의 성공적 수행을 위해서는 상대적으로 대통령제보다도 갖추어야 할 선행조건이 훨씬 많다. 의원내각제는 이러한 선행조건이 구비되었을 경우에만 성공적인 운영과 제도화를 기대할 수 있다. 선행조건을 갖추지 않은 경우 프랑스의 제3, 4공화국처럼 대통령중심제보다도 더 비극적인 결과를 초래할 수도 있다. 의원내각제는 특정 시점에 만들어진 것이 아니라 특히 분권화된 토대 위에서 오랜 시간 점진적인 민주화 과정을 통해 형성된 것이기 때문이다.

그러면 의원내각제의 효율적인 운영과 제도화에 필요한 조건은 무엇인가? 의원내각제를 위한 선행조건으로는 문화적, 정치적, 행정적, 경제사회적 조건의 구비를 들 수 있다. 그 가운데에서도 특히 국회의원의 자질, 정당정치 및 의회정치의 제도화 수준, 중앙권력과 지방권력을 분산하는 지방자치제의 정착, 정치권과 행정권 간의 권력을 분산하는 직업공무원제의 확립, 정치와 경제의 분화 정도 등이 중요하다. 우리나라의 경우 최근 들어 직업공무원제의 점진적인 정착, 지방자치제의 본격 실시 등 의원내각제 채택을 위한 몇 가지 긍정적 징후를 발견할 수 없는 것은 아니다. 그러나 대체로 아직까지 의원내각제의 선행조건 대부분을 충실하게 갖추고 있는 단계는 아니다.

여소야대의 정국도 대화로 해결하지 못하는 정도의 정치상황에서 의원내각제를 통해 정치적 안정을 도모한다는 것은 사리에 맞지 않는다. 결국 의원내각제는 우리의 현실에 비추어 대통령제의 역기능적 측면을 치유할 수 있는 대안이 되지 못한다.

그동안 우리나라 대통령제가 지닌 가장 심각한 문제점은 바로 장기집권이었다. 장기집권 문제만 해결되면 잘될 줄 알았더니 권력남용과 부정부패는 장기집권이 없더라도 대통령제하에 여전히 따라 다니는 것처럼 보인다. 그래서 이제 권력남용과 부정부패도 막기 위해 제도 자체를 바꾸어 의원내각제로 하자는 것이 의원내각제 주장자들의 변이다. 대통령제의 가장 큰 문제점인 장기집권을 막았다면 대통령제를 유지하면서 권력남용이나 부정부패를 막을 수 없다는 것은 사리에 맞지 않는다. 어느 제도나 장단점은 있게 마련이다. 의원내각제를 택하는 것보다는 대통령제의 단점을 시정할 수 있도록 해야 할 것이다.

대통령의 권한이 문제가 아니라 국가 자체의 역할을 줄여야 한다

우리는 가끔 대통령제를 처음 고안한 미국의 성공사례 때문에 대통령제를 채택해야 한다거나, 반대로 대통령제는 미국 밖에서는 성공한 예가 없기 때문에 채택해서는 안 된다는 주장을 보게 된다. 그러나 이러한 주장은 미국의 정치구조가 갖는 역사성을 전혀 무시한 피상적 관찰에 불과하다. 미국의 모든 정치 제도적 기반은 영국의 제도에 있다. 말하자면 영국의 제도를 토대로 새로운 환경에 맞는 옷을 입혔을 따름이다. 미국의 대통령제는 영국의 의원내각제와 상반되는 제도가 아니라 동일한 이념을 실현하는 방법상의 차이가 있을 뿐이다. 미국과 영국은 이미 민주주의의 실천을 위한 공통기반을 가지고 있기 때문에 그 제도상의 차이는 본질적인 이념을 실천하는 형식에 불과함으로 오히려 부수적인 문제인 것이다.

그러나 우리는 마치 민주주의의 성공 여부가 정부형태에 달려 있는 것처럼 정부형태를 탓하고 있다. 우리의 문제는 정부형태 이전의 문제이다. 형식이나 제도의 문제보다 더 근원적인 문제이다. 그럼에도 불구하고 본질적 문제를 외면한 채 정부수립 이후 지금까지 정부형태를 탓하며 이리저리 방황해온 것이다.

우리에게 시급한 것은 대통령의 권한을 줄이기보다는 국가 자체의 역할을 줄이는 것이 급선무이다. 국가 자체의 역할을 줄이면 대통령의 권한은 저절로 줄어들게 되어 있다.

오늘날과 같이 변화가 일상화되어 있고 이를 이겨내기 위해 신속하게 대처해야 하는 상황에서 거대조직인 국가는 가장 비능률적일 수밖에 없다. 그러니 자연히 국익을 위해 신속하게 대처해야 할 경우에 국가 최고책임자의 재량이 많이 개입하게 되고 그만큼 권한남용의 가능성은 증대되는 것이다.

따라서 우리가 먼저 해야 할 일은 국가와 정부의 권한을 과감하게 줄이는 것이다. 그러나 불행히도 의원내각제하에서 이러한 개혁은 더욱 어려울 것이다. 민주화 이후 행해진 정부의 과감한 조치들, 예를 들면 금융실명제, 토지실명제, 하나회 정리, 선거법 개정에 의한 선거혁명, 정치인 사정 등― 그 성공 여부는 별개의 문제이다― 은 의원내각제하에서는 결코 불가능했을 것이라고 한다면 지나친 표현일까. 만약에 우리 사회가 개혁을 필요로 하는 문제가 많은 사회라면 그만큼 더 대통령제가 필요할 것이다. 박 대통령의 치적에 공이 있다면 그것도 바로 대통령제에서 비롯된 것이 아닐까.

여기서 국가의 권한을 줄여야 한다는 것은 일방적인 국가권한 축소를 의미하는 것이 아니다. 전통적 의미의 개인의 자유와 권리를 제한하는 국가권력은 대폭 축소되어야 하지만 현대 복리국가에서 요구되는 사회복지, 환경보호 등을 위한 제한은 오히려 증가되어야 한다. 말하자면 전통적 의미에서와 같이 개인과 국가를 대립적 관계에서 파악하던 자유권 보호를 위해 국가권력은 더욱 축소되어야 한다. 그러나 개인의 인간다운 삶을 위한 사회권 보장을 위해 국가권력이 더욱 적극적으로 활용되어야 할 것이다.

지금 우리에게 문제가 되는 것은 여전히 국가가 가부장적인 위치에서 지나치게 개인의 자유로운 활동을 구속하고 있다는 점이다. 국가는 개인의 자유로운 활동을 지원하고 중재하는 기관이지 일방적으로 명령

하거나 지시하는 기관이 아니다. 시장경제에 대한 국가의 지나친 개입은 국가경쟁력을 약화시킬 것이다. 과감한 규제완화 및 민영화 정책이 있어야 할 것이다. 책임 없는 경영에서 비롯된 비능률을 언제까지 감내해야 하는가. 거대조직인 국가기관의 비능률성은 재론을 요하지 않는다. 국민의 세금으로 운영되는 만큼 재원조달에 크게 신경 쓸 것이 없으니 사기업에서와 같은 긴장감이 없는 것은 당연한 일이다. 국민의 에너지를 어떻게 하면 국가발전의 원동력으로 효율적으로 활용할 수 있는가 하는 것이 우리의 최대의 과제다. 시장경제가 만병통치약은 아니지만 적어도 지금까지의 역사는 사장경제보다 나은 제도를 아직까지 보여주지 못하고 있다. 시장경제제도가 이처럼 널리 통용되는 가장 근본적인 이유는 시장경제제도가 무엇보다도 인간행동의 기본원리와 합치하기 때문일 것이다. 국가권력의 개입은 시장경제를 활성화하는 방향에서 이루어져야 할 것이다.

정부의 권한 축소와 함께 이루어져야 할 사항은 의회정치의 활성화를 통해 국회의 기능을 강화하는 것이다. 이제 국회도 정부와 대립하여 견제, 통제하는 기능뿐만 아니라 국민을 위한 정책대안을 제시할 수 있도록 기능을 강화해야 할 것이다. 지금까지의 국회의 구도는 여당이 정부와 합심해 야당과 대결하는 양상으로 일관했지, 여야가 함께 정부에 대립하는 국회의 입장에서 국정을 수행하는 경우가 드물었다. 국회가 국민을 위한 공동목적을 향해 정부와 경쟁관계에 있을 때 효율적인 국정운영에 이바지하게 될 것이다. 이를 위해서는 국회의 지원인력을 대폭 확충해야 할 것이다.

이제야말로 대통령제의 장점을 발휘하게 해야 할 때이다

우리 사회에는 이미 많은 변화가 진행되었다. 정부형태를 논하는 지금은 60, 70년대도, 심지어 1980년대도 아닌, 새천년이 이미 시작된 2005년이다. 불법적인 절차에 의한 장기집권, 혹은 군의 정치개입 가능성은 소멸한 것으로 보인다. 또 지방자치제 실시에 의한 중앙과 지방 간의 국가권력의 분산도 큰 변화이다.

이제 과거와 같은 대통령제하에서 대통령 1인의 독재화는 사실상 불가능하게 되었다. 냉전 시기 또는 급속한 경제성장 시기에 제도적 권한 이상으로 비대해지고 남용된 바 있는 대통령의 권한과 자의적인 권력행사는 탈냉전 및 민주화 추세에 더 이상 부합되지 않는다. 뿐만 아니라 과거 민주화 투쟁과정에서 축적되어온 시민적 역량에 의해서도 견제받고 있다. 그리고 지방자치제도가 본격 실시되고 지방화시대가 시대적 요구가 됨으로써 대통령제에서도 분권화가 촉진될 것으로 예상된다. 따라서 대통령제하에서도 권력집중의 폐해를 최소화하고 어느 정도 권력분산의 효과를 거둘 수 있다.

특히 지난 수십 년 동안의 군사독재와 권위주의 정치권력에 대한 투쟁이 만들어낸 정치영웅도 민주화와 더불어 사라지고 있다. 민주화가 일상화되면 과거와 같은 유형의 정치영웅은 생겨날 수도 없다. 권력의 인격화 현상의 퇴조는 당연한 추세가 되고 있다. 이제 보통 사람들에 의한, 상식에 기초한 정치가 일반화될 것이다.

우리는 국민소득이 1만 달러를 넘어서고 OECD에 가입하는 등 선진국 대열에 들어서려는 시점에 있다. 과거와 같이 국가가 광범위하게 국민을 직접 지배하던 시대는 지났다. 사(私)경제주체를 비롯한 중간단체의 성장은 국가권력의 행사에 대한 근본적 변화를 불가피하게 하고 있다. 특히 정보시대, 지식시대가 가속화되어 국민의 참여가 확대되고 개인의 자유가 확장될수록 권력남용의 가능성은 더욱 줄어든다. 대통령제의 단점이 문제될 가능성이 더욱 약화된 시점에 굳이 대통령제를 피하고 우리 사회에서 검증되지도 않은 새로운 제도를 택할 이유는 없는 것이다.

그러나 이러한 환경의 변화에도 불구하고 우리나라 대통령제는 예나 지금이나 여전히 대통령제의 문제점을 반복하고 있기 때문에 이제 더 이상 유지할 수 없다는 것이 의원내각제를 주장하는 근거가 되고 있다. 전직 대통령이 망명하거나 암살된 것뿐만 아니라 구속되어 법정에서 유죄판결까지 받더니 현직 대통령의 아들들이 연이어 구속되고, 이제 대통령의 측근들이 구속되는 지경에 이르렀으니 그러한 주장도 설득력을 가질 수밖에 없다.

그러나 필자는 반대로 그렇기 때문에 더욱 대통령제를 택해야 한다는 역설이 가능하다고 본다. 우리는 이제 대통령제의 거의 모든 문제점을 다 겪어본 셈이다. 이제야말로 진정 대통령제가 뿌리내릴 시점이 아닌가 생각된다. 지난 50여 년간의 경험을 버리고 새로운 제도를 택한다는 것은 지금부터 다시 의원내각제의 시행착오를 새로이 거듭해야 한다는 것이다. 지난 경험을 바탕으로 의원내각제를 채택하는 것만으로도 민주주의가 진전된다는 보장이 있다면 별개의 문제이지만, 이와 같은 상당한 정도의 민주화와 경제발전이 진행된 이 시점에서 논의되는 대통령제는 과거와 많은 차이가 있다.

최근 지구상의 민주화의 확산과 함께 포퓰리즘과 영합하는 대통령제의 폐해가 새로운 문제점으로 부각되고 있다. 우리나라도 그 예외는 아니다. 그러나 이러한 문제점에 대한 대책으로 사법부에 의한 정치권력의 통제가 더욱 주목을 받고 있다. 심지어 민주주의의 핵심인 다수의 지배(democracy)가 사법부의 지배(juristocracy 또는 courtocracy)로 변하고 있다는 주장이 나올 정도이다. 우리나라의 헌법재판소의 역할도 이러한 맥락에서 이해한다면 대통령제의 새로운 폐해를 막는 중요한 장치를 우리는 이미 가지고 있는 셈이다.

이제 우리가 보아야 할 것은 대통령제의 단점이 아니라 장점이다. 그동안의 희생과 교훈을 바탕으로 이제야말로 대통령제의 장점을 발휘하도록 해야 할 것이다. 한 사회의 발전 계기는 단점을 막는 데서가 아니라 장점을 발휘하게 함으로써 이루어지는 것이다.

1987년 마지막 개헌 이후 군부출신의 여당후보인 노태우 대통령을 거쳐, 여야 3당 합당으로 야당 출신의 여당 후보인 김영삼 대통령의 문민정부를 지나 순수한 야당인 김대중 대통령이 야당후보로 나서서 집권에 성공했다. 이로써 우리의 숙원인 평화적 정권교체를 이루었고 이는 이미 예외가 아닌 원칙으로 확립되었다. 따라서 지금 이 시점에는 의원내각제와 대통령제 중 어느 제도가 더 민주성을 담보하느냐 하는 논란은 과거보다는 훨씬 부차적 문제라고 할 수 있다. 이제 문제는 양 제도 중 어느 것이 국정의 효율성 제고와 국력활용의 극대화에 기여할 수 있느냐이다. 이런 점에서도 대통령제가 가져다주는 고정된 임기와 정국 안정을 통한 국정의 계속성 유지는 더욱 요구된다고 볼 수 있다.

'신토불이'는 정부형태에도 적용된다

의원내각제를 지지하는 가장 큰 배경의 하나는, 우리의 유교문화는 인간관계에 기초한 지배·종속 관계의 비민주적 성격 때문에 대통령제의 단점이 부각될 가능성이 많다. 그래서 이러한 문화를 벗어나기 위하여 국정의 중심이 되는 대통령을 두지 않는 의원내각제가 유익하다는 것이다. 말하자면 부정적인 문화를 수정하기 위해 오히려 사회적 배경과 상반되는 제도를 채택하려는 것이다.

우리나라 민주주의의 실패를 문화적 이유로 돌리는 경우도 많다. 제도를 움직이는 것은 사람이며, 그 사람의 행동양식이나 사고방식을 결정하는 것은 바로 문화이기 때문이다. 그러나 어느 문화나 부정적인 요소만이 아니라 모든 요소가 함께 하는 총체성을 가지고 있다. 우리는 우리 문화에서 권위주의적 요소만 찾을 수 있는 것이 아니라 민주적 요소도 얼마든지 찾을 수 있다. 현재 우리 사회에 권위주의적 전통이 강한 것은 문화 탓이 아니라 우리 사회가 아직도 그 정도 수준에 머물러 있다는 증거이다. 또한 문화란 시점에 따라 평가가 달라지는 것이다. 과거에는 유교문화가 경제발전을 저해한다고 하더니 요즈음은 오히려 경제발전의 원동력이 된다고 하지 않는가? 아마 훗날 우리의 정치발전이 성공한다면 그 배경은 바로 유교문화 때문이라고 하지 않을까? 문화는 모든 것을 정당화할 수 있는 만변통치약과 같은 것이다.

우리는 문화적 이유로 특정 제도의 합리성을 주장하는 것을 경계해야 하나, 우리 문화의 부정적 측면을 강조하면서 우리 문화와 상반되는 제도의 도입을 강조하는 것은 더욱 경계해야 할 것이다. 특정 제도의 실패는 제도 자체의 문제나 문화 탓이 아니라 우리 사회의 전반적인 수준이 미성숙한 데 있다. 우리가 어떠한 수준에 있는지에 따라 문화에 대한 평가가 달라지는 것이지 문화의 성격 자체가 불변·고정되어 있는 것은 아니다. 말하자면 문화는 사회의 변화에 따라 끊임없이 변하고 재해석되는 것이다.

그렇다면 문화적인 이유로, 즉 부정적인 측면의 발현을 막기 위하여 우리 문화와 상반되는 의원내각제를 택하자는 주장은 설득력이 없다. 그 사회의 배경과 상반되는 제도를 택해 성공한 예보다 실패한 예가 더 많다.

우리 사회는 일원적 권력구조인 대통령제에 더 친숙하다. 우리의 문화적 토양에서는 대통령제가 상대적으로 뿌리내리기 용이하다. 의원내각제는 원래 분권화된 사회전통 위에서 발달한 것으로, 우리와 같이 오랫동안 중앙집권적 전통을 유지해온 곳에서는 중심의 부재는 곧 혼란과 무질서로 화할 가능성이 높다. 평등성향과 유동성이 강한 우리 사회에서 귀족적이고 원로중심적인 의원내각제는 국민의 정서에도 부합하지 않는다. 적어도 문화와 관련하여 제도를 논할 때는 오히려 그 문화에 친숙한 제도를 채택하는 것이 그 제도의 장점을 발휘하는 데 유익한 것이다.

무엇을

개정해야

하나

개정해야

현행 헌법을 개정한다면 어떠한 부분을 개정해야 하나? 앞에서 본 정부형태, 즉 대통령제의 유지를 전제로 특히 현행 헌법의 대통령제를 더욱 효율적인 방향으로 개선해야 하는 것을 포함해 개헌시 논의 되어야 할 주요 부분을 지적해본다. 이것은 곧 현행 헌법이 가지고 있는 문제점과 함께 대안이 될 수 있는 새로운 개정 방향을 제시하려는 것이다.

통치구조 부분

순수한 대통령제로 전환

① 4년 중임제 대통령제

지금 우리 현행 헌법의 제일 큰 문제점은 대통령제 정부형태를 취하고 있으면서도 대통령제의 장점을 발휘할 수 없게 되어 있다는 점이다. 1987년 개헌 당시 개헌의 주도세력이 담합한 결과 자신들의 이해관계를 위해 헌법이론과 국가의 장기적 전망을 무시했기 때문이다.

무엇보다도 대통령의 임기를 5년 단임제에서 4년 중임제로 바꾸는 것을 고려해야 한다. 대통령제의 가장 큰 장점이 임기중 행정권의 안정을 도모할 수 있다는 점이다. 그러나 대통령 단임제는 과거와 같은 1인 장기집권의 폐해를 방지하는 면에서는 순기능적이지만 조기 레임덕 현상으로 안정적인 국정 수행이 어렵게 된다. 또한 국정의 연속성 및 유기적 운영, 그리고 책임정치의 구현이라는 측면에서도 재임의 가능성을 열어놓아야 한다. 특히 집권 여당이 국회 소수당일 때 단임제 대통령의 권력행사가 얼마나 제한되며 소모적이 될 수 있는지는 우리가 잘 경험한 바다.

대통령의 임기도 4년으로 국회의원과 일치시켜 잦은 선거로 인한 국정의 소모를 줄여야 할 것이다. 따라서 대통령과 국회의원의 선거가 일치하는 2008년에는 새로운 헌법을 출범시킬 수 있는 좋은 기회다. 이때 지금과 같이 지자체 선거를 정당추천하에서 한다면 지자체 선거와 2년 차이를 두게 됨으로써 중간선거의 역할을 하게 할 수 있을 것이다. 그러나 지자체장을 정당추천이 없이 함으로써 지나친 정치화로부터 지방을 보호하는 것도 고려해 봐야 할 것이다. 물론 이러한 사항은 선거법 개정을 통해 개선될 문제이다.

② 부통령제의 도입

국무총리제를 폐지하고 부통령제를 두어야 한다. 현행 제도는 대통령제이면서도 부통령을 두지 않고 국무총리를 두고 있다. 부통령 없는 대통령제에서 대통령 유고시 후계자의 문제가 제기됨은 물론이다. 강력한 권한을 행사하는 대통령직을 국회 동의만을 거친 임명직 국무총리가 승계하는 것은 민주적 정당성에 큰 흠이 된다. 따라서 부통령은 대통령과 함께 러닝메이트로 국민의 직선에 의해 선출해 대통령 유고시에도 국정 안정이 유지될 수 있게 해야 할 것이다.

또한 지금과 같은 부통령 없는 대통령제는 후보자 선정을 둘러싼 당내 경쟁에서 타협과 분배의 여지를 제거함으로써 승자독식의 분위기를 조장하고 당의 분열, 나아가서는 당과 후보의 난립을 초래한다. 부통령제는 승자독식 분위기를 완화하고 아울러 지역감정의 대립도 완화하는데 기여할 것이다. 또한 전문화, 다원화 속에 증가하는 국사의 신속하고 효율적인 처리를 위해서도 대통령의 업무를 부통령에게 일정 정도 분할함으로써 대통령의 업무를 경감할 필요가 있다. 또한 부통령이 야당대표의 상대역할 등도 담당할 수 있을 것이다. 대통령이 특정 정당의 대표로서 야당 대표의 상대가 되는 것은 적절하지 않다.

우리의 국무총리제는 초대헌법이 의원내각제로 준비되었다가 이승만의 반대로 갑작스레 대통령제로 전환되었다. 이때 충분한 검토를 거치지 못하고 그대로 수용되었던 것이 그후에도 계속 유지되고 있다. 지금의 국무총리제도 운영의 묘를 살린다면 대통령과 적절하게 역할분담을 할 수 있을 것이라는 견해도 있다. 그러나 이러한 방식은 헌법의 질서하에서 작동하는 것이 아니라 대통령과 국무총리의 개인적인 친소관계나 정치적 역학관계에 따라 변할 수밖에 없기 때문에 이대로 유지하는 것은 적절하지 못하다. 만약 부통령 대신에 국무총리를 두려 한다면, 지금과 같이 대통령 대신에 정부의 실책이나 책임지고 물러나는 얼굴마담 형이 아니라, 이원정부제에서와 같이 국회 다수당에게 국무총리를 추천하게 하는 것이다. 그리고 내각을 구성하게 해 행정권을 대통령과 나누어 행사하는 방법도 가능할 것이다. 그러나 이때 대통령과 국회 다수당이 일치하지 않을 때 효율적인 행정권 수행이 가능할 것인가는 의문이다. 따라서 대통령제의 이질적인 요소인 국무총리제를 폐지하고 부통령제로 이행되어야 할 것이다.

③ 국회의원의 장관겸직 금지

국회의원이 장관을 겸직할 수 없도록 해야 한다. 이는 유능한 국회의원을 정부에서 활용하지 못한다는 단점은 있으나, 겸직을 대통령의 국회에 대한 영향력 또는 집권 여당에 대한 장악력 확대를 위한 방편으로 이용함으로써 초래되는 부작용은 방지할 수 있다. 이러한 위험성은 지금 우리가 목격하고 있는 바다. 여당의 중진 의원, 특히 차기 대권주자들에게 국정 경험을 쌓는 기회를 준다는 명분 등으로 장관으로 임명하고 있다. 이것은 여권의 차기 대권주자들을 대통령의 지휘하에 둠으로써 효율적으로 관리하고 뒤에 후보자 선정에 대통령의 영향력 행사에 유리하게 작용할 수도 있을 것이다. 그러나 이러한 발상은 권력분립의 정신에도 부합하지 않을 뿐만 아니라 국회에 대한 모욕이기도 하다. 과연 대권을 꿈꾸는 장관들이 자신의 정치적 목적을 떠나 공정하게 장관직을 수행할 수 있을 지도 의문이다. 따라서 대통령제의 원래의 정신에 맞게 행정부와 입법부를 독립해 겸직을 금지해야 할 것이다.

④ 정부의 법률안 제안권 폐지

순수한 대통령제를 유지한다면 정부의 법률안 제안권은 폐지해야 할 것이다. 정당정치가 일반화되어 있는 오늘날 정부가 법률안 제안권이 없는 나라에서도 형식상 국회의 여당의원을 통해 법안을 제출하지만 사실상 정부가 입법안을 만들고 있는 경우가 많기 때문에 대통령제를 채택해도 지금과 같이 정부에 법률안 제안권을 그대로 두는 것이 무방하다는 주장도 가능하다. 특히 사회적 변화와 요구에 즉각 반응해 법안을 마련하는 데는 정부가 유리한 점이 많다는 점을 고려하면 더욱 그러하다. 그러나 비록 형식상에 불과한 경우가 많다 해도 국회가 법률안 제안권을 독점하게 하는 것이 국회의 지위 강화와 활성화에 더 이바지 할 것이다.

⑤ 결선투표 여부

현재의 대통령선거가 정치세력간의 사활을 건 사생결단의 경쟁이 될 수밖에 없는 것은 상대 다수 득표자 승자독식의 제로섬 게임 원칙 때문이다. 말하자면 국민 전체로부터 얼마나 많은 지지를 받았느냐에 관계없이 최다 득표를 받은 자가 무조건 당선이 된다. 대통령 후보자가 난립할 경우 과반수에 훨씬 미치지 못하는 후보도 당선이 가능하다. 현재와 같은 단순 다수 득표제는 양당제도가 확립되지 않은 우리나라에서 후보난립과 지역적 분열을 조장하는 직접적인 원인이 되고 있다. 이러한 방식은 지역할거주의가 팽배해 있는 우리 사회의 통합에 부정적일 수밖에 없다. 따라서 어느 후보도 유효투표의 과반수를 점하지 못하는 경우 최다 득표자 2인간의 결선투표를 고려할 필요가 있다. 과반수 이상을 득표한 대통령과 그렇지 못한 대통령이 가지는 민주적 정당성과 국민통합을 위한 상징적 역할에는 큰 차이가 있기 때문이다.

현재의 단순 다수에 의한 승자독식의 정치풍토는 우리 사회 내부의 갈등 타파 차원에서 뿐만 아니라 통일에 대비해서도 부정적이다. 남북한의 통합 또는 통일 이후에 발생할 남북간의 지역갈등은 지금의 우리 사회의 지역갈등보다 훨씬 더 심각할 가능성도 있기 때문이다. 따라서 통일시대에 대비하기 위해서도 현행 방식의 승자독식의 대통령제는 재고돼야 할 것이다.

⑥ 대통령의 국민투표 회부권에 대한 통제

현행 헌법은 대통령이 필요하다고 인정할 때 외교, 국방, 통일 기타 국가안위에 관한 중요 정책을 국민투표에 붙일 수 있다고 규정하고 있다(제72조). 국가의 중요 사안에 대해 국민대표기관인 국회의 의결에 구속되지 않고 주권자인 국민에게 직접 물어 정당성을 확보하게 한 것이다. 국민 대표기관에 의한 간접민주주의가 원칙으로 실현됨에 따라 때로는 주권자인 국민의 의사가 왜곡되는 경우도 있다. 그렇기 때문에 중요 사항에 대해 국민에게 직접 물어 결정하게 해야 한다는 것이 국민투표제도의 취지이다. 그러나 다른 한편 대통령이 국민투표를 남용할 가능성이 있기 때문에 헌법은 대상을 외교, 국방, 통일 기타 국가안위에 관한 중요정책으로 한정하고 있다.

그럼에도 불구하고 헌법의 규정은 추상적 표현으로 인해 해석에 의해 보완될 수밖에 없다. 특히 '기타 안위에 관한 중요정책'은 얼마든지 확대해석 또는 축소해석이 가능하기 때문이다. 지난해 대통령에 대한 탄핵심판 때 헌법재판소는, 대통령의 국민투표회부권의 행사여부에 대해 원칙적으로 대통령의 재량에 달린 것으로 이해하지만 그 행사범위는 중요정책에 관한 것이어야 한다고 했다. 특히 대통령이 자신에 대한 신임투표를 하려는 것은 위헌이라고 해석함으로써 정치적 목적을 위한 확대해석을 경계하였다. 한편 신행정수도특별법 위헌결정에서 헌법재판소의 소수의견은 특정한 사안에 대하여는 대통령은 반드시 국민투표에 회부하여야 한다는 의견을 표명하기도 하였다. 그러나 행사범위에 관한 이러한 혼란은 앞으로도 얼마든지 재발할 가능성이 있다. 지금과 같이 불명확할 경우 대통령은 국민투표 회부 여부를 자신의 입지와 관련해 판단할 것이고, 이는 소모적인 국력낭비로 이어질 가능성이 높기 때문이다. 수도이전을 둘러싼 논쟁은 그 전형적인 예이다.

국민투표의 범위가 확실하지 않을 때, 필요 이상으로 국민투표에 부칠 때는 국회의 의결을 회피하는 방편이 됨으로써 국회의 입법권 침해가 될 수도 있다. 그러나 반대로 국민투표에 부쳐야 할 정도의 중요정책임에도 단순히 국회의 의결에 그칠 가능성도 있다. 또한 현재 국민투표의 효력도 불분명해 그에 대한 논란도 존재할 수 있다.

따라서 대통령의 자의적 판단으로 국민투표제도를 이용하지 못하도록 보완책을 마련할 필요가 있다. 국민투표의 범위와 조건, 효력을 더욱 구체적이고 명확하게 규정해야 할 것이다. 또는 헌법재판소 재판관의 과반수 또는 3분의 2 이상의 동의를 얻어 회부할 수 있게 하는 방안도 고려할 수 있을 것이다. 반대로 대통령이 국민투표에 회부해야 할 중요사안임에도 회부하지 않는 경우에는 국민은 헌법소원을 통해 다툴 수 있음을 명시해야 할 것이다.

⑦ 대통령 유고의 판정기관과 권한대행의 범위

현행 헌법은 대통령이 궐위되거나 사고로 직무를 수행할 수 없을 때에는 국무총리와 법률이 정한 국무위원의 순서로 그 권한을 대행하게 하고 있다(제71조). 말하자면 대통령 유고시 권한대행의 순서만 정해놓고 유고여부에 대한 판정기관과 판정절차에 대하여는 침묵하고 있다. 대통령제에서 국가원수이자 행정권의 수반인 대통령의 유고가 가지는 헌법적 의미를 고려할 때 이에 대한 명확한 규정을 둠으로써 헌정 중단의 가능성을 방지해야 할 것이다.

현행 헌법구조로 보면 헌법재판소가 이러한 역할을 담당할 수 있는 적절한 기관이 될 것이다. 헌법재판소가 대통령을 탄핵하는 최종심판기관이라는 점에서 볼 때 대통령직의 정지와 관련되는 사항에 대한 판정기관이 될 수 있는 헌법적 정당성은 확보된다고 볼 수 있다.

또한 대통령 유고시 권한대행의 순서는 정해져 있으나 권한대행의 범위에 관해서는 아무런 규정이 없다. 지난번 노무현 대통령에 대한 탄핵심판시에도 문제가 된 바다. 탄핵을 통해 대통령의 권한이 정지되고 권한대행의 범위는 현상유지에 그쳐야 한다고 하는 것이 다수설이었으나 아직 불확실하다. 권한대행제도와 승계제도에 대한 전면적인 재검토와 명확한 규정을 두는 것이 필요하다.

⑧ 대통령의 사면권 제한

대통령의 사면권 남용에 대한 비판론이 제기되었으나 현실적으로 사면권을 통제하는 것은 헌법에 규정된 대통령의 권한에 대한 입법권의 과도한 통제가 되어 위헌 소지를 안고 있었다. 그렇다면 헌법 자체에 사면권 남용을 제한하는 명문 규정을 둘 필요가 있다.

현행 헌법하에서는 일반사면과 특별사면이 구별되어 있고 그 권한행사의 절차가 달리 규정되어 있다. 특히 일반사면의 경우 국회의 동의라는 통제절차가 있으나 특별사면의 경우 무제한임으로 특별사면의 남용문제가 제기되었다. 따라서 특별사면을 일반사면과 같이 통합하거나 특별사면에도 사전통제 제도 등을 도입하는 방안을 고려해볼 수 있다. 한편 파렴치범이나 중요한 공직남용범죄에 대한 사면제한 규정을 두는 방안도 고려할 수 있다.

⑨ 부서제도의 정비

대통령의 국법상 행위에 대해 국무총리와 관계 국무위원이 부서를 해야 한다(제82조). 그럼에도 부서가 없는 행위의 효력에 대하여는 다툼이 있다. 부서 흠결에 대해 유권해석은 없다. 다만 위법사항이기는 하나 대통령의 국법행위의 필수적 유효요건은 아니라는 주장이 있다. 부서제도가 절차적 통제에 의해 대통령의 독주를 방지하는 한편 책임 소재를 분명히 하기 위한 것이라는 점을 고려할 때 그 실효성을 확보하기 위한 제도가 필요하다. 특히 정부형태가 이원정부제로 전환되거나 대통령제를 분권형 총리책임제로 운용하는 경우 부서제도의 중요성은 더욱 높기 때문에 정치적 분쟁의 소지를 없애기 위해서도 필요하다. 부서가 흠결된 대통령의 국정행위는 무효라는 것을 명시하는 방안을 고려해야 할 것이다.

⑩ 국무회의 제도의 실효성 확보

현행 헌법하의 국무회의는 단순한 심의기관에 불과하다. 따라서 국무회의가 대통령의 권한에 대한 일부 절차적 통제기능을 수행하는 것은 사실이지만 지나치게 형식적인 절차에 그치고 마는, 대통령의 보좌기관적 성격이 강하다. 현행 정부형태가 대통령의 정치적 책임을 추궁할 수 있는 여지가 제한된 상태임을 고려할 때 국정의 합리성을 제고하기 위해 국무회의의 위상을 강화해야 한다는 주장이 제기되고 있다.

국무회의를 심의기관에서 의결기관으로 전환하게 될 때 제왕적 대통령의 문제는 일부 해소될 수 있다. 그러나 국무회의는 본질적으로 의원내각제적 제도로서 그 실질화는 오히려 대통령제의 장점을 감소시킬 수도 있다는 점을 신중히 고려해야 한다. 중요한 특정의안에 대해서만 국무회의의 의결권을 인정하는 절충안도 고려할 수 있을 것이다.

한편 국무회의의 실질화를 위해 국무위원의 수를 줄일 필요가 있다. 회의체의 성격상 그 규모가 지나치게 클 때 내실은 공허해지기 때문이다. 국무회의를 떠나서 행정각부의 수를 축소할 필요가 있다. 또한 대통령이 직접 국무회의를 주재하게 해야 한다는 주장도 있다.

국가원로자문회의와 전직 대통령의 예우에 관한 규정

현행 헌법은 국정의 중요한 사항에 관한 대통령의 자문에 응하기 위해 국가원로자문회의를 둘 수 있게 했으며, 이의 의장은 직전 대통령으로 하고 있다(제90조). 이 조항은 1987년 헌법개정 당시 호헌을 주장하던 전두환 대통령 세력의 정치적 입지를 보장하기 위한 제도로 도입된 것으로 이해되었다. 특히 전직 대통령이 의장이 되도록 규정한 것은 실질적인 정치적 영향력 행사를 염두에 둔 것으로 보인다. 국가원로자문회의는 헌법상으로도 임의적 자문기관에 불과하고 정치여건상으로도 실질적인 의미를 가지지 못하는 이상 굳이 헌법기관으로 설치할 의미는 없다고 본다.

전직 대통령의 신분과 예우에 관해 법률로 정한다고 하는 헌법규정(제85조)도 폐지해야 할 것이다. 퇴임한 대통령의 신분과 예우에 대해 특별히 헌법에 근거를 두어야 할 이유를 찾을 수 없기 때문이다. 이 규정도 위와 같은 1987년 헌법개정 당시의 특수한 상황에서 기인한 것으로 보이며, 이제 더 이상 유지할 필요가 없다.

감사원의 지위와 구성 및 업무에 관한 사항

감사원은 현재 대통령소속기관으로 되어 있으나 감사원의 업무중 회계검사권은 오늘날 행정부에 대한 통제권으로 인식되는 추세이고, 이 점을 감안해 직무관련독립성은 이미 법률에 의해 확보되어 있다(감사원법 제2조). 그러나 조직과 인사상의 독립성의 확보는 헌법상의 지위와 연계되어 여전히 이루어지지 않고 있으므로 이 문제를 해결하기 위해 헌법상의 지위 변경을 고려해야 한다.

현재 감사원은 회계검사권과 직무감찰권을 보유하고 있다. 직무감찰은 비위감찰권과 행정감찰권이 있는데 모두를 사정기관으로 이양해야 한다는 주장과, 순수한 사정업무인 비위감찰권은 이양하되 회계검사권이 성과감사로 그 본질이 변화되고 있는 현실을 감안해 행정감찰권은 잔존시켜야 한다는 주장이 대립하고 있다. 어떤 경우이건 최소한 비위감찰권은 사정기관에 이양하는 방안을 고려해야 할 것이다. 이 전부가 단일 기관에 있는 것은 입법례상 유례도 없고 헌법상의 지위문제와 관련해 체계상의 부조화를 낳을 수도 있다.

현행 헌법에 의하면 감사원은 대통령 소속하의 헌법상의 기관이다. 감사원이 대통령 소속하의 기관이지만 다른 중앙행정기관과는 달리 행정수반으로서 대통령에 소속되는 것이 아니라 국정최고책임자인 국가원수로서의 대통령에 소속되어 있는 것이다. 따라서 감사원이 이와 같이 조직상으로는 대통령 소속하에 있으나 업무적으로는 누구의 지시도 받지 않는 독립기관이다.

감사원의 독립성을 보장하기 위한 여러 제도적 장치를 마련해놓고 있다. 예를 들면 감사원장의 임명에는 국회의 동의를 요하며, 4년의 임기를 헌법으로 보장하고 있다. 감사원의 업무를 감사위원회인 합의제 기관으로 하고 있는 것도 이러한 이유이다. 또한 세입·세출의 결산을 매년 검사해 대통령과 차년도 국회에 그 결과를 보고하도록 하고, 국회도 감사원에 대해 특정한 사안에 관한 감사를 요구할 수 있다. 또한 감사업무도 행정부의 업무감사에만 국한되는 것이 아니기 때문에, 감사원이 행정부나 입법부 어느 한편에 속하지 않는 독립된 기관임을 보여준다.

그러나 과연 감사원을 지금과 같이 대통령 소속하에 둘 것이냐 아니면 개헌시 국회의 소속기관으로 변경해야 하는지, 아니면 나아가 사법부와 같이 독립된 기관으로 해야 하는지는 여전히 문제가 된다. 비교법적 입장에서 보면 영미계 국가에서는 의회소속형을, 유럽대륙계 국가에서는 독립기관형을 채택하고 있다. 국회에 이관할 때 정치적 이해관계에 따라 영향을 받을 가능성이 존재하고, 독립기관으로 할 경우에 정치권의 영향으로부터 벗어나 과연 제대로 감사권을 행사할 수 있을까 하는 현실적 우려가 존재하는 것도 사실이다.

감사원이 국가의 결산 및 회계 검사권을 행사한다는 점에서 보면 예산안의 심의 확정권을 갖는 국회 산하에 두어 예산을 집행하는 행정부를 비롯한 국가기관들에 대해 감독하게 하는 것이 합리적이다. 또한 감사원의 직무감찰권도 주로 대상이 행정부의 공무원이란 점을 고려한다면 정부에 대한 견제권의 하나로 국회 소속으로 두는 것이 더 합리적이다는 견해도 가능하다.

소속 여부가 문제가 되는 것은 어떻게 하는 것이 감사원 업무수행의 독립성 확보에 더 도움이 되는가의 관점에서 결정되어야 할 것이다. 현재 감사원장은 국회의 동의를 받아 대통령이 임명하고 감사위원은 감사원장의 제청으로 대통령이 임명하도록 되어 있다. 그러나 감사업무의 특수성으로 볼 때 민주성의 원리에 의한 통제의 필요성이 크다. 즉 감사위원 임명에 대하여도 국회의 동의가 필요하도록 해야 할 것이다. 임기도 4년 중임으로 되어 있는데 그 독립성의 필요성에 비추어 임기를 연장할 필요가 있다. 헌법재판소 재판관이나 대법관과 같은 임기보장을 통해 독립성을 제고하는 기반을 마련해야 할 것이다.

국회의 구성

① 양원제 도입 가능성

현재의 단원제 국회가 가지고 있는 문제점은 국회의원들이 자신들의 초미의 관심사인 재선 가능성에 초점을 맞추어 행동함으로써 국회가 지나치게 정쟁의 장소로 변하고 있다는 점이다. 과거에는 공천권을 행사하는 정치 보스들의 눈치를 살폈고 이제 상향식 공천이 이루어지면 지역구민의 눈치 살피기에 바쁘게 된다. 국민의 대표가 아니라 지역구민이나 이익집단의 대리인이 된다. 이를 보완하기 위해 비례대표제를 두고 있다. 그러나 이 또한 정당 지도부가 선임하는 것에 지나지 않게 될 가능성이 높다.

민주주의의 핵심내용은 분권에 의한 견제와 균형이다. 미국에서 처음 양원제를 도입했던 배경도 의회의 권한남용을 우려해 의회의 권한을 나누어 상호견제하기 위한 것이었다. 이러한 분권은 민주주의 사회에서는 서로 국민을 위한 선의의 경쟁을 유도하는 메커니즘이 된다.

그동안의 우리의 경험에 비추어 볼 때 국회는 여당과 야당으로 나누어져 국리민복이라는 대의보다는 자신의 이익을 위한 소모적인 정쟁을 일삼았다. 대부분의 국회의원들의 이해관계가 동질적이어서 다른 돌파구를 필요로 하지 않았기 때문이다. 우리도 이제 국회를 제도적으로 분할해 지역대표성을 갖는 지금의 국회의원을 하원(민의원)으로 하고, 비례대표제를 폐지해 그 대신 광역시와 도를 선거구로 해 선출되는 의원들로 상원(참의원)을 구성하는 것이 바람직한 대안이 될 수 있다.

지금과 같은 단원제하의 지역구 의원과 비례대표의 이원적과 구조와 달리 제도적으로 상원과 하원으로 분할된다면, 양원의 구성원리를 다르게 함으로써 국가의사결정에 좀더 다양한 의사가 반영될 수 있다. 또한 보다 신중한 결정을 가능하게 하고, 하원과 정부 간의 충돌을 완화할 수 있는 장점이 있다. 특히 우리 사회에 만연하고 있는 지역이기주의나 단원제하의 정파적 대립을 완화하고 지방분권을 강화하는 데도 기여할 수 있을 것이다. 또한 비례대표보다는 훨씬 민주적 대표성을 가지게 될 것이다.

상원의 구성방법에 대해 먼저 생각할 수 있는 것은, 선거구는 대선거구 제도를 채택해 정원을 지금의 비례대표 의원의 숫자를 초과하지 않도록 한다. 또한 임기도 비교적 장기인 6년 또는 8년으로 해 미국과 같이 2년마다 3분의 1 또는 4분의 1이 다시 선출되도록 한다. 그러면 이들의 이해관계는 하원의 국회의원들과 달리 지역구나 소속 정당의 구속으로부터 좀더 자유로운 입장에서 국정을 돌볼 수 있을 것이다. 하원의 무절제한 당파적 주장이나 포퓰리즘도 상원에 의해 순화될 수 있을 것이다. 이러한 국회의 분권은 상원과 하원이 상호 견제와 균형을 할 수 있을 뿐만 아니라 소모적 정쟁을 국민을 위한 생산적 선의의 경쟁으로 유도할 수 있을 것으로 기대된다.

양원제의 단점도 없지 않다. 양원의 구성으로 인한 비경제성, 국가의사결정의 지연, 양원의 충돌시 복잡한 협의과정 등이 지적될 수 있다. 물론 하원과 상원의 다수당이 불일치할 경우 비효율적 국회운영의 가능성이 우려되기도 한다. 그러나 국회의 신중한 의사결정에 유익하다는 점을 고려한다면 양원제가 단점보다는 장점이 많을 것으로 생각된다.

② 국회의원의 면책특권의 제한

국회의원은 직무상 행한 발언과 표결에 관해 국회 외에서 책임을 지지 않는, 이른바 면책특권을 가지고 있다(제45조). 정치적 민주화 이후 국회에서 '아니면 말고'식의 무책임한 폭로성 발언이 종종 이루어져서 면책특권이 남용되는 측면이 있다. 따라서 면책특권에 대한 제한이 불가피하다는 주장이 있다. 그러나 다른 한편으로는 권위주의 시대에 국회의원 발언에 대한 탄압을 감안해 국회의 자율에 맡겨야 한다는 견해도 있다.

면책특권은 그 존재 목적에 합당한 범위 내에서 인정되어야 하기 때문에 일정한 경우 제한이 가능할 수 있을 것이다. 예를 들면, 외국의 입법례에서 볼 수 있는 바와 같이, 국회 내의 행위라고 하더라도 모욕적이거나 명예훼손적인 경우에는 면책되지 않게 하는 것이다. 제한을 인정하는 경우에도 최소한에 그쳐야 할 것이다.

정당조항

현행 헌법 제8조는 정당에 관해 외국에서 유례를 볼 수 없을 정도로 상세하게 규정하고 있다. 정당조항은 1949년에 제정된 서독기본법에서 최초로 도입된 이후 전 세계의 많은 헌법으로 확산되었다. 하지만 민주국가의 헌법에서 정당조항을 두고 있는지의 여부가 핵심적인 문제는 아니다. 민주헌정국가가 정당의 존재 없이는 작동할 수 없으므로 헌법에 정당조항을 두는 것과 무관하게 복수의 정당이 존재하는 것이 전제되어 있기 때문이다.

그럼에도 정당조항을 헌법에 둘 것이냐 여부에 대하여는 상반되는 두 가지 입장이 있다. 즉, 정당이 민주주의 국가에서는 불가결의 요소이므로 정당조항을 도입해야 한다는 주장과, 정당은 그 본질상 법적 규율 밖에 있어야 제 기능을 수행할 수 있기 때문에 정당조항을 헌법에서 삭제해야 한다는 주장이 있다. 정당조항을 둔다고 하더라도 지나치게 상세한 규정은 정당의 자유로운 활동을 보장하기보다는 오히려 이를 제한해 과도한 정당국가를 지향함으로써 정당의 자유로운 발현을 저해할 위험이 높다는 비판을 받고 있다.

우리나라의 경우에는 이미 40여 년 전에 도입된 정당조항을 완전히 삭제하기는 쉽지 않아 보인다. 정당이 지니는 헌법적 의미는 정당조항의 유무를 떠나서 부정할 수 없다는 것이 공통된 인식이다. 문제는 이를 어떻게 파악하는 것이 헌법상 민주주의원리와 보다 잘 부합할 것인가 하는 점이다. 그렇다면 정당조항을 삭제하는 것보다는 이를 현대사회에서의 민주헌정의 실현이라는 관점에서 개선하는 것이 합리적이라고 판단된다. 정당조항이 정당의 자유로운 활동을 저해하는 방향으로 활용되는 것을 방지해야 한다. 또한 정당이 국민의 민주적 의사형성에 적극적으로 기여하도록 유도하는 방향으로 개정되어야 할 필요가 있을 것이다.

정당의 중요성을 감안해 헌법에서 정당을 보호해야 한다는 주장이 다수이나 정당 활동의 자유는 가능한 범위에서 최대로 보장할 수 있어야 한다. 반면에 국가가 정당을 보호하는 것은 필요불가결한 최소한의 범위에 그치는 것이 바람직하다. 나아가 이제 정당은 국가의 보호를 받는다는 조항을 삭제하는 것에 대해서 논의할 필요가 있을 것이다.

현행 정당법은 정당등록제를 취하고 있다. 정당조직에 대한 내적 민주성이라는 질적인 측면 이외에 양적인 측면을 헌법적으로 규정하는 것은 문제가 될 수 있다. 따라서 오히려 당내 민주주의 실현을 요구하는 규정을 둘 필요가 있다. 정당간의 민주적 경쟁뿐만 아니라 정당내부의 민주주의도 중요함은 더 말할 나위가 없기 때문이다.

정당보호를 위한 또 하나의 제도는 정당해산의 요건을 엄격하게 하는 것이다. 정당해산제도는 자유로운 정치활동을 최대한 보장할 것을 요구하는 헌법원리와 헌법보장의 필요성 간의 긴장관계 속에 놓여 있다. 정당해산제도는 우리 헌법이 상정하고 있는 민주적 정당국가에서 국가의 강제력이 자유로운 정치과정을 제한하는 최후의 수단이다. 현행 헌법은 정당해산의 요건으로 '정당의 목적이나 활동이 민주적 기본질서에 위배'됨을 지적하고 있다. 정당의 보호를 위해서는 '목적이나 활동'은 '목적과 활동'으로 개정하는 것이 바람직할 것이다. 또한 '민주적 기본질서'라는 모호한 개념도 정치사상적 지평을 달리하는 여러 정치세력들이 헌법을 정쟁의 수단으로 악용할 수 있는 가능성을 고려할 때 개정이 필요한 부분이다.

현행 헌법이 정당운영에 필요한 자금을 보조할 수 있다고 규정하는 것은 문제가 있다는 지적이 있다. 정당에 대한 국고 보조의 문제를 헌법에 명시할 필요가 있을까에 대한 의문이 든다. 이 조항이 없다고 하더라도 정당에 대한 국고보조 자체를 위헌으로 볼 가능성은 존재하지 않아 보인다. 정당국고보조에 관한 조항을 삭제하는 대신 정당재정의 공개를 의무화하는 조항을 신설하는 방안에 대해 논의할 필요성이 있다.

정치영역에서 검은 돈이 오고가는 문제는 단지 정치부패의 문제에 그치지 않는다. 이는 정경유착과 연결되어 우리사회의 총체적 부패구조의 가장 중요한 고리로 기능하고 있는 측면이 강하다. 따라서 정치자금의 투명성이나 민주성을 실현하는 구체적 방안(예를 들어 소액다수의 원칙)은 법률에 위임한다고 하더라도 헌법에 정당재정의 공개에 관한 조항을 도입하는 것은 그 자체로도 상징적인 의미를 지닌다.

결국 정당조항은 정당설립의 자유와 복수정당제를 규정하고 있는 제8조 제1항과 정당해산제도에 관한 제4항을 오해의 소지가 없도록 수정해 유지하고 나머지는 삭제해도 무방할 것이다. 나머지는 정당법을 통해 보완하면 될 것이다.

선거제도 법정주의의 문제점

국민의 의사에 의한 정권교체 또는 정치세력의 교체를 위해 공정한 선거제도를 갖추는 것의 중요성은 새삼스러운 것이 아니다. 그러나 선거제도에 대한 입법권이 직접적인 이해당사자인 국회의 입법재량에 맡겨져 있다면 국민의 입장을 대변하는 입법을 기대하기가 어렵게 된다.

정치개혁과 관련된 수많은 요구와 주장들이 계속해서 제기되고 있음에도 불구하고 그 실현이 매우 더딘 것은 이러한 상황과 무관하지 않다.

따라서 국회의원의 이해관계와 직결되는 선거제도나 선거구획정에 대한 국회의 입법권에 헌법적 제한을 두자는 주장이 제기되고 있다. 예를 들면, 선거제도에 대해서는 입법에 대한 위임의 범위를 줄이고 헌법에서 중심적 내용을 규정한다거나, 선거제도를 포함하는 정치관계법의 제정과 개정에는 정치와 직접 관련되지 않은 중립적 인사들이 참여할 수 있도록 하는 방안들이 고려될 수 있다.

현행 공직선거 및 선거부정방지법 제24조가 규정하고 있는 선거구획정위원회처럼 이해당사자가 아닌 자로 구성된 위원회를 헌법상의 기구로 만드는 방안도 생각할 수 있을 것이다. 또한 그 권한도 선거구획정에 그치지 않고 정치관계법의 범위 내에서 보다 확대하는 것도 고려할 수 있을 것이다.

국민소환제나 중간선거제도의 도입문제

국회의원 등 국민대표를 선출하면 대표는 자유위임 속에서 자유롭게 국가의사를 결정하고 다음 선거에서 이에 대해 책임을 진다는 고전적인 대의제도 사상은 참여민주주의의 폭이 확대되면서 적지 않은 도전을 받고 있다. 일반적으로 국민투표제, 국민발안제, 국민소환제 등이 직접민주주의적 요소라고 일컬어지고 있지만 국민소환제는 국민대표에 대한 통제의 한 유형이라는 성격이 좀더 강하다.

그렇다면 국민소환제도의 도입 자체가 헌법적으로 문제가 있다는 생각은 그렇게 설득력이 크지 않아 보인다. 오히려 이 제도의 도입을 주장하는 사람들이 생각하는 것처럼 과연 이것이 현실적으로 실효성을 담보할 수 있는지에 논의의 초점을 맞추는 것이 적절하다고 볼 수 있다. 대의민주주의가 가장 이상적인 것이 아님에도 불구하고 이를 일반적 원칙으로 채택할 수밖에 없는 것은, 일상의 정치생활에서 국민의 계속적인 직접적 참여가 불가능하다는 현실적인 이유 때문이다. 따라서 국민소환제의 도입여부나 그 범위는 이 제도가 제대로 작동할 수 있는 범위에 대한 논의를 중심으로 이루어지는 것이 바람직하다고 할 수 있다.

국민소환제를 도입하는 경우 특정한 위법행위자, 파렴치범 등에 국한해 도입하는 방안이 가능할 것이다. 이 경우에도 위법행위에 대한 수사, 기소, 또는 판결의 확정 중 어느 단계부터 소환이 가능하다고 볼 것인지도 논의해야 할 것이다.

중간선거제도도 국민대표에 대해 임기중 신임을 묻는 방안으로 고려될 수 있다. 중간선거제도는 상원(참의원)에 대한 부분적, 순차적 선거를 통해서도 가능할 수 있을 것이다. 또한 미국의 하원의원처럼 국회의원의 임기를 짧게 하는 경우에도 국민소환제의 효과를 기대할 수 있을 것이다. 미국의 일부 주헌법에서 보듯이, 국회의원의 당선회수나 연임회수를 제한해야 한다고 주장하는 견해도 있다.

법원

정치의 사법화 문제와 아울러 사법의 민주화는 향후 헌정의 중요한 과제가 될 것이다. 국정관리의 합리화는 독립된 사법권력에 의한 적절한 정치통제라는 점을 고려해야 하기 때문이다. 이런 점에서 상대적으로 소홀히 다루어졌던 사법제도와 관련된 체계의 정비가 필요하다.

　정부형태를 논할 때 사법부가 거의 언급되지 않는 것은, 사법부는 '사법부 독립의 원칙'에 의해 정치권으로부터 독립되어 있기 때문이다. 그러나 대법원장의 임명방법이나 사법부자체의 권한 분산 등도 사실 중요한 논의의 대상이 되어야 한다. 그럼에도 지금까지의 개헌사를 보면 크게 주목받지 못하면서도 많은 제도적 변화를 거듭해왔다. 대통령의 지위 중심으로 논의되는 정부형태에 대한 국민적 관심의 집중으로 부수적인 것으로 취급되었다. 이제 이 부분에 대하여도 심도 있는 논의가 필요하다.

① 대법원의 구성

　대법원장은 대통령이 국회의 동의를 얻어서 임명하지만 일단 임명된 이후에는 대법관을 포함한 모든 법관에 대한 인사권을 독점할 수 있도록 하게 한 것이 현행 헌법의 태도이다. 대법원장의 책임하에 법원 운영의 합리화를 도모하기 위하여 필요하다는 주장도 가능하나 법원의 고유업무인 재판의 독립성이라는 관점에서 보면 수정할 필요가 있다. 대법원장이 인사권을 독점할 경우 초래될 법원의 관료화는 재판의 독립성을 저해할 위험이 있다.

　대법관을 대법원장의 제청으로 임명하게 하는 것은 대법원장의 우월적 지위를 합의체기관인 대법원에 인정하는 결과를 낳아 사법권의 독립을 저해하는 방향으로 악용될 소지가 있다. 특히 대법원장이 헌법재판소 재판관 3인, 중앙선거관리위원회 위원 3인에 대한 지명권을 행사하는 것도 민주적 정당성이 취약한 대법원장에게 지나치게 막강한 권한을 부여한 것이라는 비판도 있다.

대법관 제청권을 대법관회의에 부여하는 방안과 대법관 선거제도를 부활하는 방안을 생각할 수 있다. 대법관회의는 동료대법관을 선임법관들의 의사에 따라 결정한다는 점에서 독립성 확보에 장애가 될 수 있다. 물론 대법원장이 하위법에 의해 대법관추천회의나 법관인사위원회 등을 두어 합리적인 인사제도를 시행할 수 있다. 그러나 최소한 대법원장과 대법관 임명방식에 대해 대통령의 임명이나 대법원장의 추천에 앞서 심의하는 기관을 헌법에 규정할 필요가 있을 것이다. 예를 들면 대법관추천회의를 3부 합동과 외부의 전문가로 구성하는 것 등이다.

한편 대법관의 자격을 법관자격자만으로 한정하는 것에 대해서도 비판이 제기되고 있다. 현재 폐쇄적 법조양성제도로 인해 법관, 특히 고위직 법관의 경우 사회적 다양성을 반영하기 힘든 인사구조라는 점이 지적되고 있으며, 대법관을 법관자격자로 한정하게 될 때 사법의 민주성이 취약해지는 구조적 한계를 가질 수 있기 때문이다. 따라서 대법관의 임명자격을 법관자격자뿐만 아니라 경험과 학식이 풍부한 고위 공무원과 법학교수들에게 개방할 필요가 있다.

또한 대법관의 임기를 현재의 6년 중임보다 장기로 임명하는 것도 독립성을 위해 유리할 것이라는 견해가 있다. 현재처럼 사법부의 보수화에 대한 비판론이 잔존하는 상황에서 임기를 늘이는 것은 사법부의 보수화를 더욱 강화하는 역작용이 있을 수 있다. 대법관의 임기를 늘이는 것에 대해서는 정치적 사회학적 분석이 선행되어야 할 것이다.

② 대법관회의와 기능

현행 헌법에 의하면 대법관회의는 일반법관 임명에 대한 동의권만을 부여받고 있다. 대법원의 최고법원으로 위상을 강화하고 사법권의 독립성을 제고하기 위해 대법관회의의 위상을 강화해, 대법관회의를 실질적 최고의결기구로 삼는 방안을 검토할 필요가 있다.

③ 법원행정조직에 대한 기본규정의 신설과 분권화

현재 사법부 관료화의 주요 원인 중 하나는 법원행정처의 중앙집권적 운영이다. 법원행정처는 대법원장의 우월적 지위와 더불어 사법부의 독립을 구조적으로 저해하는 원인으로 지적되고 있다. 사법의 민주화를 위해서는 법원행정처의 운영을 개선하는 방안도 고려해야 할 것이다.

④ 명령과 규칙에 대한 위헌심사권의 헌법재판소 이관

현재 국회가 제정하는 법률에 대한 위헌심사권은 헌법재판소에 있으나 하위법인 명령과 규칙에 대한 위헌심사권은 대법원의 관할에 속한다. 명령과 규칙에 대한 위헌심사권도 헌법재판소의 관할로 해 위헌법률심판과 함께 일괄적으로 운영하는 것이 헌법질서의 통일성 유지를 위해서 더 바람직할 것이다.

⑤ 배심제와 참심제 도입여부

일반 시민이 법관과 함께 직접 재판에 참여하는 배심제와 참심제가 국민의 사법참여 확대를 위한 주요 방안의 하나로 제시되고 있으나 헌법적 근거규정이 없다는 이유로 배척되고 있다. 물론 헌법 해석론을 통해 극복할 수도 있겠으나 헌법개정이 이루어진다면 명문으로 이 제도의 도입 근거를 마련할 필요가 있다. 구체적으로 세부적인 제도를 두기보다는 근거규정을 두고 입법권을 통해 구체화의 여지를 두는 것이 나을 것이다. 한편 관련조항으로 제27조 제1항의 '헌법과 법률이 정한 법관에 의하여' 부분을 '헌법과 법률이 정한 법원에서'로 수정하는 것이 논란의 소지를 없앨 수 있는 방안이다(상세한 논의는 후술하는 기본권 분야의 '재판청구권 조항의 수정' 참조).

⑥ 특별법원제도의 정비

현재 특별법원으로 헌법에 근거를 둔 것으로는 군사법원이 유일하다. 다만 대법원에 부를 두어 전속심리할 수 있는 헌법적 근거를 마련하고 있다. 갈수록 전문화하는 현대법의 추세를 반영해 사법부를 전문화하자는 제안도 있다.

대안으로 복수의 최고법원을 설치하는 안과 고등법원 차원에서 특별법원을 설치하고 대법원의 특별부와 연계하는 방안 등이 제안되어 있다. 복수의 최고법원을 설치하는 안은 현재 사법부로부터 독립되어 있는 헌법재판소가 존재하는 헌법체계상 독일식에 따라 개별전문영역에 대한 최고법원을 설치하는 형식으로 개편하는 것이다. 민주주의의 기본원칙의 하나인 사법의 분권화라는 취지에서 긍정적인 측면도 있으나, 복수의 최고법원 사이의 관계설정에 논란이 야기될 것으로 보이며 오랜 동안의 대법원중심체제로부터 탈피하는 것에 따른 혼란도 예상할 수 있다.

또한 현재의 군사법원제도는 광범위한 입법권에 기초해 인권의 보장과 사법권의 독립 보장에 적절하지 못한 입법체계에 의해 운영되고 있어 헌법개정의 기회를 통해 그러한 입법상의 문제점을 헌법적으로 해결할 필요가 있다는 지적이 있다. 특히 관할제도, 평시의 군사법원의 관할권제한, 군검찰제도 개혁 등이 논제이다. 군사법원의 경우 입법사항에 대한 세세한 규정보다는 군인의 인권의 보장문제와 사법권의 독립에 대한 특별한 주의규정을 둠으로써 입법권의 한계를 설정하는 것이 적절할 것으로 생각된다.

⑦ 상고허가제 및 3심제

현재 대법원의 업무가 폭주하고 있는 상황에서 대법원이 정책법원으로서의 기능을 제대로 수행할 수 있도록 상고허가제를 도입하고 심급제를 융통성 있게 운용할 수 있는 사법체계의 구성이 필요하다는 지적이 있다. 현재 이 문제는 법원조직법정주의에 따라 입법사항으로 되어 있으나 헌법상 독립기관으로서의 대법원의 이해 등을 고려해, 또한 입법과정의 중요통로를 장악하고 있는 국회에 진출한 법조인들, 특히 국회법사위원회 위원들의 이해가 맞물려 입법적으로 해결하기 어려운 상황에 있다. 따라서 특별법원의 정비와 더불어 상고허가제를 도입하는 명문의 규정을 헌법에 마련하는 안이 제시되고 있다.

⑧ 법원의 예산편성권

법원의 독립성이 생명이므로 헌법은 이를 위한 여러 제도적 장치를 마련해놓고 있다. 법원이 무엇보다도 조직 자체의 운영에 독립성을 가지는 것이 선행되어야 한다. 이를 위해서는 법원의 독자적인 예산편성권이 주어져야 한다. 예를 들면 법관의 보수를 항상 행정부처의 상응하는 공무원의 보수와 관련해 결정하는 등 행정부 중심의 관료주의적 발상이 실현되는 것은 예산편성권을 통해서이다. 행정부의 법원에 대한 예산편성권은 법원의 독립에 큰 장애가 아닐 수 없다. 법원에 독자적인 예산편성권을 부여해야 할 것이다.

헌법재판소

현행 헌법은 사법권을 대법원과 헌법재판소로 분할하여 귀속시키고 있다. 헌법재판소는 헌법에 명시된 제한적 권한을 행사하지만 출범 후 보여준 눈부신 활동으로 이미 국민적 신뢰를 받고 있기 때문에 그대로 유지되어야 함은 물론이다.

특히 대중민주주의의 확산과 더불어 정치인들의 정치적 목적에 의한 포퓰리즘이나 법률만능주의가 가져오는 폐해를 고려할 때, 건전한 상식과 법의 일반 원칙의 최종적인 표현인 헌법을 지키려 하는 헌법재판소의 역할은 더욱 강조되어야 할 것이다.

또 한 가지 간과해서는 안 될 것은 여기에도 민주주의의 대원칙인 권력의 분산에 의한 견제와 균형의 법리가 그대로 적용되고 있다는 점이다. 사법권을 대법원과 헌법재판소에 분할함으로써 상호견제하게 되어 서로 상대방을 의식하지 않을 수 없게 되었다. 이러한 사법권의 분산·견제가 기관 상호간의 선의의 경쟁을 유도하게 됨은 앞서 지적한 국회의 상·하원 양원제 채택 이유에서와 동일하다. 이제 과거와 같이 정치권의 영향으로부터 사법권을 보호한다는 소극적·방어적 차원을 떠나 국민의 권익을 보호하기 위해 서로 경쟁하는 적극적이고 생산적인 관계로 발전한 것이다.

헌법개정시 헌법재판소와 관련해 고려되어야 하는 사항은 관할의 확
대, 재판관의 자격, 재판관의 임기, 선임의 방법 등이다.

① 대통령선거에 관한 소송

현행법에 의하면 대통령선거소송이든 국회의원선거소송이든 (또는 지
자체 선거소송이든) 모든 선거소송은 대법원의 관할로 되어 있다. 그러나
대통령중심제 국가에서 대통령선거가 갖는 의미, 또한 헌법재판소를
두어 중요한 정치적 사건에 대한 관할권을 부여하고 있는 점을 고려한
다면 다른 종류의 선거소송과 구별해 대통령선거소송은 헌법재판소 관
할로 이전해야 할 것이다. 대통령선거에 관한 소송은 고도의 정치성을
갖는 민감한 사안으로 순수한 사법기관인 대법원보다 정치적 사건을
관할하는 헌법재판소에서 담당하는 것이 더 합리적이다.

② '법원 재판'의 헌법소원 대상여부

독일에서는 '법원의 재판'이 헌법소원의 대상이 되고 있으나 우리나
라에서는 허용되지 않는다. 법원의 재판이 헌법소원의 대상이 되지 않
음은 헌법의 규정에 의한 것이 아니라 헌법의 위임에 의해 규정된 하
위법인 헌법재판소법의 규정 때문이다. 현재와 같이 법률에 위임한 상
태로 두어 만약 필요하다면 헌법재판소법의 개정에 의하여 해결할 것
이냐 아니면 처음부터 헌법에 규정을 두어 해결할 것이냐가 논의될 수
있다. 이 문제는 대법원과 헌법재판소의 위상관계에 직결되는 문제이
기도 하다. 만약 '법원의 재판'을 헌법소원의 대상으로 한다면 헌법재
판소가 모든 재판에 대해 다시 심사할 수 있는 권한을 가지게 됨으로

대법원은 그야말로 헌법재판소의 하급심으로 인식될 것이다. 지금과 같은 수평적인 분업 현상과는 거리가 멀어진다.

물론 이러한 상호역학관계를 떠나 과연 어느 것이 국민의 기본권 신장과 효율적 사법정의 실현에 유익한가 하는 측면에서 살펴보아야 할 것이다. 지금 법원이 3심 제도를 통해 개인의 권익을 보호하고 있으나 이마저도 불충분하기 때문에 헌법재판소의 최종 심사를 통해 다시금 마지막 기회를 주는 것이 필요하다고 주장할 수도 있다. 그러나 이 문제는 오히려 법원의 심급제도 전반의 구조 개혁 문제와 직결되어 있다. 예를 들면 현재 우리 법원의 가장 큰 문제점은 하급심 재판에 대한 높은 불신으로 이는 곧 높은 항소율로 이어지는 악순환을 거듭하고 있다. 이는 물론 다른 요인들과도 결부되어 있는 복합적인 문제이다. 예를 들면, 형사사건의 경우 구속이 일반적인 관행으로 이루어지기 때문에 피고인의 방어가 불충분해 1심에 불만을 많이 가질 수밖에 없는 경우도 많다.

심급 횟수만 늘어난다고 국민에게 유익한 것이 전혀 아니다. 개인은 심급이 늘어날수록 엄청난 경제적 정신적 손실을 감수해야 한다. 따라서 문제는 반대로 어떻게 하면 제1심 재판이 신뢰를 얻도록 해 항소율을 낮추느냐 하는 것이다. 오히려 4심과 같이 심급을 늘이는 것이 아니라 심급을 줄일 수 있도록 하는 것이 더욱 중요하다. 만약 1심에서 충분한 심리가 행해지고 1심 재판이 신뢰를 받는다면 2심을 원칙으로 하고 3심은 예외적인 경우로 제한하는 것이 바람직하다. 이런 상황에서 '법원의 재판'을 헌법개정으로 헌법소원의 대상으로 포함시키는 것은 적절하지 않다. 지금과 같이 법률에 그대로 두면서 진행중인 사법제도 개선의 경과를 지켜보면서, 정 필요하다면 헌법재판소법의 개정을 통해 해결하면 될 것이다.

그러나 '법원의 재판'은 어떠한 경우에도 헌법재판소의 심판밖에 있다는 것은 아니다. 그동안의 운영을 통해 드러난 대법원과 헌법재판소 간의 관할범위에 관한 논란을 해결하기 위해서는, 헌법 자체에 규정하기 보다는, 헌법재판소법의 개정을 통해 헌법재판소가 최종적인 헌법보장기관으로서 역할을 할 수 있도록 하면 될 것이다. 예를 들면, 헌법재판소가 특정 법령을 위헌이라 결정했음에도 법원이 이를 무시하고 재판해 개인의 기본권을 침해한 경우에는 예외적으로 법원의 재판도 헌법소원의 대상이 될 수 있도록 하면 될 것이다.

③ 추상적 규범통제

현재의 위헌법률심사제도는 법률이 헌법에 위반되는 여부가 재판의 전제가 된 경우에만 심사를 하는, 이른바 구체적 규범통제만 인정하고 있다. 특정 법률의 적용이 구체적 사건에서 문제되느냐와 상관없이 그 법률 자체의 위헌성 여부를 심사하는 추상적 규범통제는 헌법에 의해서가 아니라 헌법재판소법에 의해 허용되지 않는다.

국회의 입법권을 통제함으로써 국회가 더욱 신중한 입법을 할 수 있게 만든다는 점에서는 허용하는 것이 바람직 할 수도 있다. 그러나 지금도 법률이 구체적인 사건을 떠나서 입법 자체만으로도 개인의 기본권을 침해하는 경우에는 헌법소원을 통해 다툴 수가 있기 때문에 이러한 방향으로 심판 범위를 확대하면서 해결하면 되리라고 본다. 그렇지 않을 경우 무절제한 추상적 규범통제 청구로 인하여 행정이 지나치게 위축될 우려가 있다.

④ 재판관의 자격

현행 헌법은 재판관을 법관의 자격을 가진 자, 즉 변호사 자격을 가진 자에 한정하고 있다. 예를 들면 법과대학의 헌법 교수로 평생 헌법을 전공하고 있다고 해도 변호사 자격이 없으면 재판관이 될 수 없다. 헌법재판소를 정치기관이 아닌 사법기관으로서 사법적 절차로 심판하기 위해 이러한 자격제한을 둔 것으로 보인다. 그러나 헌법재판의 성격상 순수한 사법행위가 아니고 정치적 성격을 벗어 날 수 없으며, 다양한 견해를 대표해야 한다는 점에서 자격 제한을 재검토해야 할 것이다.

⑤ 재판관의 임기제, 정년제

헌법재판소 재판관의 임기는 6년이며 연임할 수 있다. 재판관의 정년은 65세이며, 재판소장의 정년은 70세이다. 그러나 현재까지 연임된 재판관은 없다. 앞서 본 대법관도 마찬가지이다. 종신제와 비교해 임기제가 갖는 장점은 재판관의 보수화와 관료화를 방지할 수 있다는 장점이 있으나 신분보장의 약해 독립성이 약화될 우려도 있다.

현재와 같이 사법조직이 피라미드 구조로 지속되는 한 이러한 임기제를 유지할 수밖에 없을 것이다. 그러나 법조일원화 등과 같이 법관의 임용방식이 달라지면 헌법재판소의 재판관의 임기제, 정년제도 재고해야 할 것이다.

재판의 연속성과 국민에 대한 책임성, 그리고 신진대사(新陳代謝)를 동시에 실현하기 위하여 재판관의 임기를 6년 또는 9년으로 하고 9인의 재판관을 3분의 1씩 교체하는 방안을 고려할 수 있다. 재판관이 동시에 대거 교체되는 것은 결코 바람직하기 않고 정치세력간의 정치적 투쟁의 대상이 될 위험성도 있다.

⑥ 재판관의 선출방법과 국회의 동의 여부

헌법재판소 재판관은 9명으로 구성되나 이때 대통령, 국회, 대법원장이 각각 3명씩 지명한다. 헌법재판소의 정치적 중립을 위해 3부가 함께 참여하게 한 것으로 보인다. 그러나 지금의 방식이 과연 최선의 것인가 하는 데는 의문이 있다. 물론 재판관의 임기가 대통령의 임기와 다르고 또한 정년제의 제한이 있어 이제 한꺼번에 다수가 교체될 가능성이 낮아졌기 때문에 애초의 우려가 많이 사라진 것도 사실이다. 그러나 3부의 구성방식을 보면 지금의 선임방법에 많은 문제가 있음을 부인할 수 없다.

대통령이 임명하는 3명은 임명하는 대통령의 정치철학과 노선을 같이 하는 사람일 것이다. 또한 대법원장이 3명을 임명하나 대법원장은 대통령에 의해 임명된다. 대통령의 정치철학을 실천할 수 있는 사람이 대법원장으로 임명될 것이며, 이러한 대법원장이 지명하는 헌법재판소 재판관은, 비록 간접적이긴 하지만 대통령의 정치철학을 반영할 가능성이 높은 사람일 것이다. 국회에서 3명을 임명하지만 이때도 집권 여당이 국회의 구성을 반영해 1명 내지 2명을 임명할 수 있게 된다. 이 또한 대통령과 정치철학을 같이 하는 사람일 가능성이 높다. 그렇다면 헌법재판소의 심판에 미칠 수 있는 대통령의 영향은 지대하다고 할 수 있다. 물론 최초의 헌법재판소 구성시기와 달리 이제 그러한 동시적인 교체가 일어날 가능성이 희박하기 때문에 기우에 지나지 않는다고 할 수도 있다. 그러나 제도적 관점에서 보았을 때 여전히 문제의 소지를 안고 있음은 물론이다.

그렇다면 어떠한 방향으로 개선이 제시될 수 있을까? 먼저 대통령이나 대법원장이 임명하는 경우에도 국회의 동의를 거치게 해 그들의 임명에 더욱 신중을 기하도록 하는 것이다. 모두 국회의 동의를 받게 함으로써 인사청문회도 거쳐 검증하는 절차가 필요하다. 달리 고려할 수 있는 방안은 모두 대통령이 국회의 동의를 거쳐 임명하거나, 아니면 모두 국회가 임명하는 것도 가능할 것이다. 그러나 현재와 같이 임명하되 국회의 동의를 받게 하는 방법도 무난할 것으로 보인다. 대통령과 대법원장의 헌법재판관 임명권에 아무런 통제방법이 없다는 것은 민주적 원칙에 부합하지 않기 때문이다.

기본권규정의 개정방향

현행 헌법상의 기본권규정은 1987년의 시민항쟁의 결과물로서 등장한 헌법재판소의 적극적인 역할로 인해, 어느 때보다도 '살아 있는 헌법'으로서의 규범적 의미를 획득하고 있다. 하지만 기본권규정은 지난 18년 동안의 시행결과 그 헌법적 의미에도 불구하고 문제점들을 노정하고 있는 것으로 보인다. 여기서는 현행 헌법상의 기본권규정들의 문제점과 그 개정방향을 간단하게 살펴본다. 개정방향을 제시하는 데 기준이 되는 관점은 바로, 한국 헌정의 구습 및 폐습의 정리, 현행 헌법의 시행과정에서 나타난 문제점 파악 및 개선방안 제시, 시대적 변화의 수용, 한국 헌정의 미래 상정 및 방향 제시 등이라 할 수 있다.

생명권 조항의 신설

근대 자연법이론에서 가장 중요한 자연권 중의 하나로 인정된 생명권이 헌법상 명문으로 보장된 것은 제2차세계대전 이후의 일이다. 예컨대 제2차세계대전에서 전체주의체제에 기반해 전쟁에 참여하였던 독일과 일본은 패전 이후 과거의 인종차별주의적 인종학살에 대한 반성으로서 생명권을 헌법에 명문화하였다.

우리 헌법에는 독일기본법이나 일본헌법과 같은 생명권보장에 관한 명문의 규정이 없지만, 대체로 헌법해석론으로서 제10조의 '인간의 존엄과 가치존중'을 근거로 생명권을 헌법상의 권리로 인정하고 있다.

일반적으로 생명이란 비생명적인 것 또는 죽음에 대칭되는 인간의 인격적·육신적 존재형태, 즉 생존상태를 말한다. 생명에 관한 권리를 의미하는 생명권은 국가에 의한 침해로부터 생명을 방어하려는 대국가적 방어권으로서의 성격과 더불어, 생명권을 제3자의 침해로부터 보호해줄 것을 국가에 대해 요구할 수 있는 보호청구권으로서의 성격을 함께 가지고 있다. 이러한 내용과 의미를 가지는 생명권이 헌법상의 기본권으로 인정되는 이상, 국가는 생명을 보호할 헌법적 의무를 지게 되는 것이다.

최근 생명과학기술의 발전에 따른 새로운 현상들이 발생하면서, 생명권 내지 생명인권 담론이 새롭게 전개되고 있다. 이러한 맥락에서 비록 해석상으로는 인정되지만 명문의 규정이 없는 생명권조항을 신설해야 한다는 의견이 대두되고 있다. 생명권조항의 신설은 단지 당연히 인정되는 인권의 확인에 그치는 것이 아니라, 생명에 대한 어떠한 관점을 갖고 생명과학기술의 발전에 대응할 것인지의 관점과 맞물려 있다. 향후 헌법개정시 심도 있게 논의되어야 할 영역이다.

행복추구권

현행 헌법(제10조)은 입법연혁적 측면이라든지, 인간의 존엄성 및 행복추구권의 규범적 성격, 인간의 존엄성과 행복추구권과의 관계에 관한 해석을 둘러싼 논란들을 염두에 두면 문제점들을 노정하고 있는 조항이라고 할 수 있다. 예컨대 행복추구권에 관한 헌법규정은, 헌법규정 중에서 체계적으로 가장 문제가 있는 규정이라는 비판이 대표적이다. 왜냐하면 너무나 당연한 사항을 규정함으로써 오히려 불필요한 의문만을 생기게 하기 때문이다. 그러나 체계적으로나 해석상으로 문제는 많지만, 헌법재판소의 판례들을 통해 그 규범적 의미 내지 활용도는 어느 정도 확립되어 있다. 헌법에 명문화되어 있지 않은 다양한 새로운 기본권들을 행복추구권에서 도출시키고 있는 것이다.

아무리 그 규범적 의미와 활용도가 확립되어 있다 하더라도 체계상의 문제는 여전히 존재하므로, 제10조와 기본권의 포괄성을 규정한 제37조 제1항을 통합 규정하는 방안으로 그 개선방안을 상정할 수 있다.

법 앞의 평등

현행 헌법 제11조는 법 앞의 평등을 규정하고 있다. 그런데 현행 헌법 제11조의 규정방식은 다음과 같은 점에서 문제점들을 갖고 있다.

제11조 제1항에서는 차별금지사유로서 '성별, 종교 또는 사회적 신분' 으로 특정하고 있다. 물론 해석상으로 반드시 차별금지사유를 이 세 가지에 국한하지 않고, 기타 사유까지 확대할 수 있다. 예컨대 특히 국가인권위원회법은 제30조 제2항에서 '평등권침해의 차별행위'를 "합리적인 이유 없이 성별, 종교, 장애, 나이, 사회적 신분, 출신지역, 출신국가, 출신민족, 용모 등 신체조건, 혼인여부, 임신 또는 출산, 가족상황, 인종, 피부색, 사상 또는 정치적 의견, 형의 효력이 실효된 전과, 성적(性的) 지향, 병력(病歷)을 이유로 한 다음 각호의 1에 해당하는 행위를 말한다. 다만, 다른 법률에서 특정한 사람(특정한 사람들의 집단을 포함한다. 이하 같다)에 대한 우대를 차별행위의 범위에서 제외한 경우 그 우대는 차별행위로 보지 아니한다. 1. 고용(모집, 채용, 교육, 배치, 승진, 임금 및 임금 외의 금품 지급, 자금의 융자, 정년, 퇴직, 해고 등을 포함한다)에 있어서 특정한 사람을 우대·배제·구별하거나 불리하게 대우하는 행위, 2. 재화·용역·교통수단·상업시설·토지·주거시설의 공급이나 이용에 있어서 특정한 사람을 우대·배제·구별하거나 불리하게 대우하는 행위, 3. 교육시설이나 직업훈련기관의 이용에 있어서 특정한 사람을 우대·배제·구별하거나 불리하게 대우하는 행위"라고 규정하고 있다. 이러한 맥락에서 차별금지사유는 성별, 종교, 사회적 신분 이외의 것으로도 확대해석이 가능하다. 하지만 향후 헌법개정에서는 이것을 분명히 한다는 점에서 '성별, 종교 또는 사회적 신분 등'으로 문구를 수정해 헌법에 열거된 사유가 예시적임을 분명히 할 필요가 있다.

또한 외국인의 평등권보장 문제이다. 현재 제11조 제1항은 "모든 국민은 법 앞에 평등하다"라고 규정함으로써, 주어를 '국민'으로 한정하

고 있다. 하지만 평등권의 성격은 인간의 권리로서 내국인이든 외국인
이든 모든 인간에게 인정되는 기본권 중의 기본권이다. 물론 적용 분야
에 따라 외국인에게 제한되는 경우도 있을 것이나 향후 개헌시 주어의
사용에 수정을 고려해야 할 것이다.

사회적 특수계급을 인정하지 않는다는 제11조 제2항은 미래지향적
관점에서 보면 불필요한 조항이라고 할 수 있다. 물론 역사적 관점에서
보면 의미가 있을 수 있다. 예컨대 반상(班常)제도의 부인의 경우를 상
정할 수 있다.

저항권 조항의 신설문제

일반적으로 저항권이라 함은 민주적·법치국가적 기본질서 또는 기
본권보장체계를 위협하거나, 침해하는 공권력에 대해 더 이상의 합법
적인 대응수단이 없는 경우에 주권자로서 국민이 민주적·법치국가적
기본질서를 유지·회복하고 기본권을 수호하기 위해 공권력에 저항할
수 있는 최후의 비상수단적 권리를 의미한다. 이러한 저항권이론은 기
본적으로 자연법사상에서 비롯된 것으로서, 특히 로크의 신탁계약 내
지 위임계약론에 근거하고 있다. 이러한 로크의 이론은 미국독립혁명
과 프랑스혁명에 영향을 끼치게 된다.

그런데 저항권의 인정 여부는 그것을 명문화하고 있지 않은 경우에
문제될 수 있는데, 특히 우리나라의 경우 헌정사의 관점에서 보면 자연
법상의 권리로서의 저항권을 부정했다. 또한 현행 헌법에는 저항권에
관한 명문의 규정이 존재하지 않는다. 명문의 규정을 두고 있는 입법례
는 존재한다. 예컨대 독일기본법 제20조 제4항은 "모든 독일인은 이러

한 질서(민주적, 사회적, 연방국가적 질서)를 폐지하려는 자에 대해 다른 구제수단이 불가능할 때에는 저항할 권리를 가진다"고 규정하고 있다. 하지만 오늘날 비록 명문의 규정이 없다하더라도 저항권을 부정하는 견해는 찾아 볼 수 없다. 우리 헌법재판소도 노동조합 및 노동관계조정법 등 위헌제청사건에서 저항권의 개념을 인정하고 있다.

불법적인 권력행사에 대한 거부와 불법적인 권력행사로부터 국민의 기본권보호를 강조한다는 의미에서, 저항권에 관한 명문의 규정을 신설하는 것을 긍정적으로 검토할 필요가 있을 것이다.

일반적 적법절차 조항의 신설문제

신체의 자유를 규정하고 있는 제12조와 관련해, 특히 제12조 제1항 제2문 및 제3항으로부터 적법절차의 원칙을 도출하는 것이 헌법재판소의 확고한 판례이다. 예컨대, 우리 현행 헌법에서는 제12조 제1항의 처벌, 보안처분, 강제노역 등 및 제12조 제3항의 영장주의와 관련하여 각각 적법절차의 원칙을 규정하고 있지만 이는 그 대상을 한정적으로 열거하고 있는 것이 아니라 그 적용대상을 예시한 것에 불과하다고 해석하고 있다. 다만 현행 헌법에 규정된 적법절차의 원칙을 어떻게 해석할 것인가에 대하여 표현의 차이는 있지만 대체적으로 적법절차의 원칙이 독자적인 헌법원리의 하나로 수용되고 있으며 이는 형식적인 절차뿐만 아니라 실체적 법률내용이 합리성과 정당성을 갖춘 것이어야 한다는 실질적 의미로 확대 해석하고 있다(헌재 1992.12.24. 92헌가8).

말하자면 우리 헌법재판소는 적법절차의 원칙은 법률의 위헌여부에 관한 심사기준으로서 그 적용대상을 형사소송절차에 국한하지 않고 모든 국가작용, 특히 입법작용 전반에 대하여 문제된 법률의 실체적 내용이 합리성과 정당성을 갖추고 있는지 여부를 판단하는 기준으로 적용되고 있음을 보여주고 있다.

이처럼 적법절차 원칙의 헌법적 의미를 분명히 하고 좀더 확고한 적법절차보장에 관한 권리를 보호한다는 관점에서, 미국헌법의 경우처럼 일반적인 적법절차 조항을 별도의 항으로 독립해 신설하는 방안이 가능할 수 있다. 이 경우 그 위치는 기본권 제한의 일반원칙인 현행 헌법 제37조 제2항 다음에 제3항으로 신설하는 방안이 가능할 수 있다.

사상의 자유 및 양심적 병역거부

현행 헌법은 제19조에서 정신적 자유권 중에서 가장 근원적인 양심의 자유를 규정하고 있다. 그런데 양심의 자유를 규정하고 있는 제19조는 다음과 같은 점에서 문제점을 노정하고 있다.

첫째, 사상의 자유에 관해서는 명문의 규정이 존재하지 않는다. 제19조가 규정하고 있는 양심의 자유에서 양심의 개념을 어떻게 정의할 것인지에 관한 학설의 대립이 존재한다. 예컨대 윤리적 양심설은 양심은 인간의 사고작용 중 그 도덕적·윤리적 판단에 속하는 부분만을 의미하는 것이라고 본다. 하지만 사회적 양심설은 제19조의 양심의 개념을 확대해석해 양심에는 도덕적·윤리적 판단뿐만 아니라 일련의 가치관 내지 일반적 신조까지 포함되는 것으로 해석한다. 이러한 해석에 의할 때, 제19조의 양심의 자유에는 사상의 자유까지 포함되는 것으로 해석한다.

둘째, 현행 헌법은 양심적 집총거부권에 대한 명문의 규정을 두고 있지 않다. 그런데 헌법해석론상 양심적 집총거부권이라는 기본권은 인정하지 않는 것이 다수설이자 헌법재판소의 견해이기도 한다. 헌법 재판소는 병역법 관련 위헌제청사건(헌재 2004.8.26. 2002헌가1)에서 "양심실현의 자유가 보장된다는 것은, 곧 개인이 양심상의 이유로 법질서에 대한 복종을 거부할 수 있는 권리를 부여받는다는 것을 의미하지는 않는다"고 했다.

하지만 양심적 집총거부권과 관련해서는 입법론상 대체역무를 인정해야 한다는 견해도 있다. 따라서 향후 헌법개정에서는 사상의 자유에 관한 명문의 규정을 두는 것을 긍정적으로 검토할 필요가 있을 뿐만 아니라, 대체역무제의 도입 가능성을 헌법 차원에서 고려해야 할 것이다. 예를 들면 독일기본법은 대체역무에 관한 명문의 규정을 두고 있다.

정보기본권 조항의 신설

과학기술의 발전으로 인해 사회가 변화하고, 변화하는 사회에서의 인권보호를 위해 인권담론도 변화를 거듭하고 있다. 예컨대 정보통신 기술의 발전으로 인해 인터넷, 사이버공간 등이 등장하면서 우리 사회는 급격하게 변화하고 있고, 이렇게 변화하는 정보사회에서 발생할 수 있는 새로운 유형의 인권침해문제는 기존의 기본권이론 내지 기본권체계로서는 해결되지 못하는 경향이 있다. 따라서 이에 대한 대안개념으로서 이른바 '정보인권' 내지 '정보기본권' 개념이 현재 활발하게 논의되고 있는 중이다. 정보기본권과 관련해 특히 문제될 수 있는 영역이

표현의 자유, 프라이버시권, 정보접근권 등이라 할 수 있다.

표현의 자유와 관련해서는 현재 제21조 제1항이 언론·출판·집회·결사의 자유를, 제2항은 언론·출판의 허가나 검열금지 및 집회·결사의 허가금지를, 제3항은 통신·방송의 시설기준과 신문기능의 법정주의를, 제4항은 언론·출판의 자유에 대한 헌법유보를 규정하고 있다.

프라이버시권, 특히 개인정보보호와 관련해서는 자기정보 관리통제권이 문제될 수 있다. 자기정보 관리통제권이라 함은 자신에 관한 정보를 보호받기 위해 자신에 관한 정보를 자율적으로 결정하고 관리할 수 있는 권리를 말한다. 그리고 자기정보 관리통제권은 자기정보 열람청구권(자기정보접근권), 자기정보 정정청구권, 자기정보 사용중지·삭제청구권 등을 그 내용으로 한다. 이것을 구체화한 법률이 바로 공적 부문에서의 기본법은 1995년부터 시행된 「공공기관의 개인정보 보호에 관한 법률」이고, 사적 부문의 기본법은 「정보통신망 이용촉진 및 정보보호 등에 관한 법률」이다. 자기정보 관리통제권은 명문의 규정은 없지만, 헌법해석상 대체로 사생활의 비밀과 자유를 규정하고 있는 제17조에서 도출하고 있다.

정보접근권이라는 것은 알권리의 '정보사회적 구체화'를 의미하는데, 특히 오늘날 정보사회와 관련해 이것이 중요하게 등장하는 이유는 정보격차(digital divide) 때문이다. 즉 정보사회에서 정보를 얻기 위해서는 점점 더 많은 지식과 돈이 필요하게 되고, 이로 인해 정보격차가 발생하게 된다. 여기서 '정보격차'란 경제적 여건, 교육수준, 성, 장애, 연령, 지역 등에 따라 컴퓨터와 인터넷에 접근하지 못하게 됨으로 인해 발생하는 정보습득의 차이를 말한다. 이러한 정보접근권은 좀더 구체적으로 이른바 '보편적 서비스(universal service)' 내지 '보편적 접근 (universal access)'이라는 개념과 연결되어 있다. 여기서 '보편적 서비스' 란 그 의미 및 범위에 대해서는 통신매체산업의 환경과 기술의 발전 그리고 정책에 따라서 차이가 있지만, 일반적이고도 최소한의 의미로 는 '기본적 통신서비스를 적정한 가격에 광범위하게 이용할 수 있도록 하는 것'을 말한다. 예컨대 전기통신의 기본서비스인 음성전화서비스 를 전국 어디에서나 이용할 수 있고, 누구나가 이용할 수 있는 적정한 요금으로 서비스가 제공되어야 하며, 신체장애인이나 고령자들을 포함 하여 누구에게나 차별 없이 그 서비스가 제공되어야 한다는 것을 의미 한다. 따라서 보편적 서비스라는 개념에서는 효율적이고도 통일된 전 체 네트워크의 형성이라는 목표보다는 모든 사람에게 적정한 요금으로 통신서비스를 제공한다는 목표, 즉 '형평성'의 확보가 핵심이라고 할 수 있다.

　따라서 보편적 서비스는 단순히 규제원리로서만 기능해온 것이 아니 라, 공공선(public good)으로서 통신매체규제에서 기본적으로 추구해야 하는 이념으로 작용했음을 알 수 있다. 이러한 보편적 서비스 개념을 헌법화한 예로는 독일을 들 수 있다. 예컨대 독일은 1994년 기본법을 개정하였는데, 그동안 연방고유행정의 대상을 규정하고 있던 기본법 제87조 제1항 제1문에서 '연방우편'을 삭제하는 대신, 제87f조를 신설 하여 새로운 통신산업구조를 제시했다. 특히 제1항에서 "연방참사원의 동의를 필요로 하는 연방법률의 규정에 따라, 연방은 우편과 전기통신 분야에서 적절하고도 충분한 서비스의 제공을 균등하게 보장한다"고 규정하고 있다.

결국 현행 헌법상의 정보관련 기본권들의 규정은 기본적으로 기존의 매스미디어 내지 오프라인 미디어를 전제로 하는 것들이다. 따라서 인터넷 등 새로운 매체의 등장에 따라 이른바 정보인권담론의 형성과 발전을 계기로 새로운 정보사회에 맞는 정보인권규정들을 갖추어야 할 것이다. 예컨대 표현의 자유를 규정하고 있는 현행 제21조를 정보사회에 맞게 수정하되, 정보프라이버시권과 정보접근권 내지 보편적 서비스에 관한 명문의 규정을 삽입하는 방안을 상정할 수 있을 것이다.

재판청구권 조항의 수정 — 시민참여제의 강화

사법개혁을 추진하기 위해 청와대와 대법원의 합의하에 구성되어 2003년 10월 출범한 사법개혁위원회는 2004년 1월 세부심의안건을 확정했다. 사법개혁위원회에서 앞으로 연구하게 될 세부심의안건 중에는 여러 가지 중요한 논제들이 포함되어 있지만, 국민들의 입장에서 흥미를 가질 수 있는 것이 바로 국민의 사법참여, 좀더 구체적으로는 참심제와 배심제의 도입이라고 할 수 있다.

흔히 참심제와 배심제의 도입은 국민의 사법참여를 보장하는 제도 중 하나로 국민이 사법부를 통제하는 주요한 수단이 된다. 그리고 참심제와 배심제의 도입은 사법에서 국민주권주의의 실현, 사법의 민주적 정당성의 확보, 사법의 관료화와 폐쇄성의 억제, 인권보장에의 기여, 국민의 사법에 대한 친숙성 및 신뢰 제고 등을 위한 유효한 수단으로 평가되고 있다.

그런데 사법개혁에서 아주 중요한 의미를 지니고 있는 참심제와 배심제의 도입에는 여러 가지 걸림돌이 존재할 수 있다. 현재 가장 큰 걸림돌로 지적되는 것이 헌법과의 충돌 문제이다. 즉 '참심제와 배심제의 도입이 헌법개정 없이는 과연 불가능하고, 더 나아가서 헌법개정 없이 도입하는 것이 과연 위헌이냐'라는 문제가 제기될 수 있는 것이다. 왜냐하면 우리나라는 특히 배심제가 가장 활발하게 운영되고 있는 미국의 경우와는 달리 참심제와 배심제에 관한 명문의 헌법규정이 존재하지 않기 때문이다.

먼저 우리나라에서 참심제와 배심제의 헌법적합성과 관련된 기존의 견해를 살펴보면, 다음과 같이 크게 세 가지로 구분될 수 있다.

첫째, 배심제는 배심원이 사건의 사실문제에 관한 판단권만 행사하고 법률문제의 판단에는 관여하지 않기 때문에 현행 헌법하에서 합헌인 반면, 참심제는 비직업적 법관인 참심원이 직업적 법관과 합동하여 재판부를 구성하고 법률문제에 관한 판단까지 하므로 현행 헌법하에서는 위헌이라는 주장이다. 이 견해는 현재의 헌법학계의 다수설이다. 하지만 현행 헌법하에서 왜 배심제는 합헌이고, 참심제는 위헌인지에 관한 자세한 설명은 부족하다.

둘째, 현행 헌법하에서 참심제와 배심제의 도입은, 헌법규정 특히 헌법 제27조 제1항이 규정하고 있는 '헌법과 법률이 정한 법관에 의한 재판'에 비추어 볼 때, 위헌이므로 전면적인 참심제와 배심제의 도입을 위해서는 헌법개정이 필요하다는 주장이다.

셋째, 기존의 견해와는 달리 헌법개정이 없더라도, 헌법해석상 헌법 제27조 제1항 및 제101조 제3항에 근거해서 법원조직법 등의 개정에 의해서도 배심제뿐만 아니라 참심제도 허용될 수 있다는 견해들이 존재한다.

결국 제27조 제1항이 배심제와 참심제의 도입에서 헌법적 걸림돌로 작용할 수 있는 규정이라고 한다면, 제27조 제1항에서 '헌법과 법률이 정한 법관에 의하여'부분을 '헌법과 법률이 정한 법원에서'로 수정하면 배심제와 참심제의 도입에 헌법해석상 문제가 크게 제기되지 않을 것으로 본다. 또한 위와 같이 수정한다고 해서 법관의 헌법상 지위나 자격, 독립성 기타 문제들이 발생하지도 않을 것이다. 참고로 일본헌법 제32조는 우리의 헌법 제27조 제1항과는 달리 "모든 국민은 재판소에서 재판을 받을 권리를 박탈당하지 아니한다"고 규정하고 있다.

군인 등의 국가배상청구권 배제의 문제

군인 등의 국가배상청구권을 배제하고 있는 헌법 제29조 제2항은 1972년의 유신헌법에서 처음 도입된 규정으로, 그 이전까지는 공무원의 불법행위에 대한 국가의 배상책임을 규정하는 헌법 제29조 제1항과 같은 취지의 기본권 규정만 있었다(건국헌법 제27조). 그런데 5·16 군사혁명이후 제정된 구 국가배상법(1967.3.3. 법률 제1899호) 제2조 제1항 단서가 군인 등에 대한 국가배상청구권의 제한을 규정하였고, 이에 대하여 대법원은 동 단서의 규정은 구 헌법 제26조에 의해 보장된 국가배상청구권, 구 헌법 제9조의 평등의 원칙, 구 헌법 제8조의 인간으로서의 존엄과 가치 및 국가의 기본권최대보장규정에 위반하고, 구 헌법 제32조 제2항에 의한 한계를 넘어 기본권의 본질적 내용을 침해한 것이라며 위헌판결을 선고했다(대판 1971.6.22. 70다1010). 그러자 1972년의 유신헌법은 위헌시비를 제거하려는 의도에서 이 사건에서 문제가 된 단서조항과 과 같은 취지의 규정을 헌법전으로 끌어올려 헌법에서 명문화함(제26조 제2항)과 동시에 위헌판결 된 구 국가배상법 제2조 제1항 단서를 1973.2.5. 법률 제2459호로 개정했다. 그후 1980년 제8차 개헌과 1987년 제9차 개헌인 현행 헌법에서도 조문의 순서만 바뀌었을 뿐 지금까지 그대로 유지되고 있다.

헌법 제29조 제2항은 비상계엄하에서의 위헌적 절차로 개정된 비민주적 유신헌법에서 탄생해 제5공화국 헌법을 거쳐 제6공화국 헌법에까지 이어져 오고 있는 권위주의 시대의 잔재라는 점은 주지의 사실이다. 또한 공익적인 목적을 위해 군인 등의 국가배상청구권에 제한을 가할 필요가 있다면, 기본권의 일반유보조항인 헌법 제37조 제2항에 의해 법률로써 제한할 수 있는 것인데도 불구하고, 헌법이 제29조 제2항과 같은 조항을 두는 것은 지극히 권위주위적인 발상의 결과물이라고 할 것이다. 실제로 제29조 제2항은 대법원의 위헌판결에 대한 반동으로 법률로만 제한하던 형식을 헌법으로 격상해 위헌시비를 차단하였을 뿐이지 위헌판결이 지적한 위헌성을 제거하거나 개선한 내용을 담고 있는 것은 아니라고 할 것이다. 따라서 군인 등의 국가배상청구권을 배제하고 있는 제29조 제2항의 삭제를 적극적으로 검토할 필요가 있다.

사회적 기본권의 보장체계

사회적 기본권은 이른바 '제2세대 인권'으로서 사회적 법치국가의 실현에서 매우 중요한 역할과 기능을 수행한다. 우리 헌법도 건국헌법 이래로 지속적으로 일련의 사회적 기본권들을 명문으로 규정하고 있다. 하지만 그 헌법규범적 의미에도 불구하고, 현행 헌법상의 사회적 기본권의 규정방식이나 보장체계는 몇 가지 문제점들을 노정하고 있는 것으로 보인다. 향후 사회적 기본권규정들의 개정에서 다음과 같은 점들을 고려해야 할 것이다.

첫째, 사회적 기본권을 시민적 자유권과 마찬가지로 헌법에 명문의 규정을 둘 필요가 있는가의 문제를 검토해야 할 것이다. 예컨대 입법례를 살펴보면, 미국헌법에서는 사회적 기본권이라는 관념이 익숙하지 않으며, 독일기본법도 이전의 바이마르 공화국 헌법과는 달리 사회적 기본권에 관한 명문의 규정을 두지 않고 단지 사회국가의 원리를 선언하고 있을 뿐이다.

둘째, 헌법상 규정된 사회적 기본권의 체계를 전면적으로 다시 검토해야 한다는 점을 고려해야 한다. 일반적 강학상으로는 제31조가 규정하고 있는 교육을 받을 권리, 제32조가 규정하고 있는 근로의 권리, 제33조가 규정하고 있는 근로 3권, 제34조가 규정하고 있는 인간다운 생활권, 제35조가 규정하고 있는 환경권 등을 통틀어서 사회적 기본권으로 분류하고 있다. 그러나 그 성격상 교육을 받을 권리, 근로 3권은 자유권적 성격이 강한 권리라고 할 수 있다. 따라서 향후 헌법개정시 이러한 성격의 차이를 고려해 사회적 기본권들의 분류 및 체계화를 시도해야 할 것이다.

셋째, 헌법 제33조에서 단결권, 단체교섭권, 단체행동권의 이른바 근로 3권을 규정하고 있다. 그러나 헌법에서 근로 3권을 규정하고 있는 예는 많지 않다. 헌법에서는 단결권만 규정하고, 법률에서 단체교섭이나 단체행동에 관하여 규정하는 것도 고려해 볼 여지가 있다. 노동조합에 가입하지 않은 근로자의 교섭권도 인정해야 하고, 비정규직 근로자의 임금교섭도 노동조합에 가입한 근로자와 동일하게 중요하기 때문에 이는 헌법에 규정하는 것보다 입법정책에 맡겨두는 것이 타당할 수 있다.

넷째, 국가의 재해예방의무를 규정하는 제34조 제6항의 존치 여부도 검토되어야 한다. 이 조항은 재해방지기본법의 근거규정으로 활용될 수 있지만, 너무도 당연한 내용을 담고 있어서 과연 헌법에 둘 필요가 있는지 의문이다.

다섯째, 제36조 제1항에서 '양성(兩性)의' 부분은 삭제할 필요가 있다. 동성부부 혹은 부부 중심이 아닌 편부모와 자식 중심의 가족의 보호에 불필요한 제한근거로 활용될 수 있기 때문이다.

기본권규정과 관련된 기타 개정검토 대상들
일반적 법률유보조항인 제37조 제2항의 문구를 수정할 필요가 있다. 특히 비례의 원칙과 관련해, 비록 이 규정으로부터 비례의 원칙을 도출하고 그 하부원칙들도 도출하고 있지만, 비례의 원칙을 좀더 명확하게 규정할 필요가 있다.

국민의 기본의무와 관련해 제38조와 제39조는 각각 납세의 의무와 국방의 의무를 지고 있다. 그런데 국민의 기본의무와 관련하여 제39조상의 국방의 의무에 관한 명문규정을 둘 필요가 있는지 문제제기가 가능하다. 왜냐하면 국민이라면 당연히 국방의 의무를 져야 하기 때문이다. 이 문제는 결국 납세의 의무 등 '국민의 의무'에 관한 조항 그 자체를 둘 필요가 있느냐로 확대될 수 있다. 더 나아가서 제2장의 제목이 '국민의 권리와 의무'로 되어 있는데, 헌법상에서 과연 '국민의 권리'와 '국민의 의무'를 동등하게 파악할 수 있는지의 문제도 제기될 수 있

다. 향후 헌법개정시에 이 문제도 이론적이고도 실질적인 검토가 필요
할 것이다.

영토 및 통일 관련조항

헌법 제3조는 우리나라의 영토를 한반도와 그 부속도서로 한다고 규
정하고 있다. 본 조항에 따르면 북한지역도 당연히 우리 대한민국의 영
토의 일부이다. 그러나 북한에는 '조선민주주의 인민공화국'이 독립된
국가로서 수립되어 독자적인 통치권을 행사하고 있기 때문에 우리의
통치권이 사실상 미치지 못한다. 그럼에도 불구하고 현재와 같은 영토
조항이 그대로 존치해야 하느냐 그렇지 않으면 삭제해야 하느냐 아니
면 수정해야 하느냐 하는 것이 문제이다.

영토조항이 삽입된 이유는 초대 헌법 제정당시 한반도에 통일된 단
일정부를 수립하지 못하고 남북이 각각 별개의 정부를 수립하게 됨에
따라 남한 정부의 유일합법성을 강조하고 북한을 언젠가 수복해야 할
대상으로 삼는다는 것을 알리고자 한 것으로 보인다. 그후 우리나라의
학설과 판례도 '구한말 영토의 계승논리'나 '미수복지역논리' 또는 '반
국가단체 지배지역논리'나 '유일합법 정부론'을 내세워 북한을 우리의
영토로 간주했다.

이러한 논리에 의할 때 북한은 당연히 우리의 영토로 대한민국의 헌
법과 법률이 북한지역에도 적용된다. 그럼에도 우리의 통치권이 사실
상 행사될 수 없는 것은 북한에 '조선민주주의 인민공화국'이라는 별도

의 불법적인 정부가 성립되어 있기 때문이다. 이를 찬양하거나 지지하는 행위는 불법적인 행위가 되며 이러한 행위를 처벌하는 법이 국가보안법이다. 말하자면 국가보안법의 직접적인 헌법적 근거가 바로 헌법 제3조의 영토조항인 것이다.

이와 같은 냉전적 논리가 지금도 유지될 수 있는가 하는 점이다. 1972년 '7·4 남북공동성명'이 냉전구도 속에서 남북간에 이루어짐으로써 통일문제가 처음으로 헌법 속에 편입되기 시작하였으나 국내 정치적 목적을 위한 성격이 강했다. 그후 국제적인 냉전체제의 종식과 더불어 우리 정부는 1988년 '7·7 선언'을 통해 북한을 과거와 같은 적대적인 상대가 아니라 민족공동체에 속하는 동반자로 인식하기 시작했으며, 1991년에는 남북한이 동시에 유엔에 가입하고, 마침내 1992년에는 '남북기본합의서'가 체결되어 북한의 체제를 국제적으로나 국내적으로 인정하는 단계에 이르렀다. 더 나아가 2002년의 남북정상회담과 '6·15 공동선언'에 이르게 되자 남북은 서로를 합법적인 정부로 인정할 뿐만 아니라 공존을 위한 활발한 교류협력을 확대해 나가고 있다.

과연 이러한 시대적 변화에도 불구하고 냉전적 유산인 영토조항을 유지할 것인가? 또한 제3조의 영토조항은 제4조의 평화통일조항과의 상호모순 문제도 제기된다. 현재 국내에서는 북한문제와 통일문제를 둘러싼 국론 분열이 심각한 점을 고려한다면 국민적 합의의 최종 문서인 헌법을 통해 국민통합적 기능을 높일 수 있는 방안을 모색해야 할 것이다. 새로운 헌법은 현실로 다가 오고 있는 통일에 대비하는, 또는 통일을 전제로 하는, 헌법이 되어야 할 것이다.

영토조항 삭제와 관련해 제기될 수 있는 문제는, 영토조항이 없어지면 국가보안법의 근거도 없어지는 것인가 하는 점이다. 영토조항이 국가보안법 존재의 유일한 헌법적 근거는 아니다. 기본권 제한에 관한 일반 원칙에 따라, 즉 헌법 제37조 2항의 규정에 따라, 국가안전보장을 위해 국민의 기본권을 제한할 수 있기 때문에 국가형벌권 발동의 하나로 특정 분야를 규율할 법률을 국가는 만들 수 있다. 물론 그렇다고 해서 국가보안법이 존재해야 한다는 것은 아니다. 국가보안법을 형법과 별개의 법률로 유지할 것이냐는 입법정책의 문제에 속한다고 볼 수 있다. 남북관계의 변화에 따라 국가보안법이 영향을 받을 수밖에 없음은 물론이다.

앞으로 북미관계의 개선이 이루어질 경우 지금의 정전협정을 평화협정으로 대체하는 문제가 제기될 것이다. 이때 영토조항은 걸림돌이 될 가능성이 높다. 예를 들면 헌법의 영토조항 규정과 평화협정의 내용이 모순될 때 중대한 법적 문제가 야기될 수 있다. 물론 영토조항의 효력을 상징적·선언적 의미만 갖는 것으로 축소 해석해 문제를 해결할 수도 있을 것이다. 또는 헌법부칙에 평화협정에 대한 위헌판단을 금지하는 규정을 둘 수도 있을 것이다. 그러나 단순히 남북문제에만 국한해서 보지 않고, 국제법적인 관점에서 접근하면 문제는 더욱 복잡해진다. 예컨대 간도의 문제라든지 독도의 문제를 어떻게 해결할 것인지 등의 문제다.

영토조항은 통일 후 영토문제를 정하는 데 중요한 의미를 가진다는 점을 고려한다면 삭제에 신중을 기해야 할 것이다. 북한이 영토의 일부를 할양, 매각하는 것이 무효라고 주장할 수 있는 것은 영토조항 때문이다. 또한 북한 급변 사태시 북한에 개입할 수 있는 근거로 영토조항은 중요한 역할을 할 수 있을 것이다.

영토조항이 헌법에 포함되는 것이 지금 이 시점에 어떠한 의미를 가지며 국익에 어떠한 도움이 되는지 깊은 논의가 필요하다. 또한 영토조항이 헌법에 명문으로 포함되는 경우가 있는지 또한 그렇다면 그 이유가 무엇인지에 대한 비교법적 검토도 필요할 것이다.

선거관리

현행 헌법은 선거관리를 위해 독립된 장인 제7장(제114-116조)을 두고, 선거관리를 위한 기관으로 선거관리위원회를 두고 있다. 선거관리위원회는 전국적인 조직으로 비교법적으로 보아 유례없이 비대하다. 선관위는 선거라는 일시적인 국가행위를 관리하는 것임에도 방대한 조직을 운영하고 있다. 이는 역설적으로 그동안 우리 사회가 공정한 선거관리 문제로 얼마나 많은 진통을 겪어 왔는지를 대변해주고 있다. 선관위가 정당사무까지도 담당하고 있으나 여전히 인력의 상시적 운용이 갖는 부담을 고려할 때 구조조정의 필요성이 있다. 선거관리와 관련된 몇 가지 문제점을 지적해 본다.

첫째, 헌법기관인 중앙선관위의 위원장을 입법에 의해 다른 헌법기관의 소속원이 겸임하고 그 결과 비상임체제로 운영되는 비정상적인 상황이다. 선관위법은 중앙선관위원장을 비상임직으로 두고 그를 보좌하며 그의 명을 받아 소속 사무처 또는 사무국의 사무를 감독하는 상임위원 1인을 두게 하고 있다. 또한 관행상 중앙선관위원장은 대법원장이 위원으로 추천한 대법관이 겸직하고 있다. 이에 대해 헌법상 독립기관의 장을 타 헌법기관 구성원이 겸직하게 하는 것은 권력분립의 원칙에 반한다는 비판을 면하기 어렵다. 선거소송의 담당기관이 법원인데 선거관리에 관여한 당사자가 다시 재판관이 될 수 있는 것은 사법권의 독립에 반할 뿐만 아니라 원칙적으로 특수행정 분야인 선거관리 업무의 담당자로 사법기능을 담당하는 법관이 관여하는 것은 적절하지 않다는 것이다. 사실 중앙선관위원장은 선거법에 따라 대통령선거 등에서 선거소송 및 당선소송의 피고가 되며 대법원이 관할법원이 된다는 점에서, 현재처럼 대법관이 중앙선관위원장을 맡아 대법원관할재판의 피고가 될 수 있는 제도는 기관충돌의 여지를 남기게 되는 점을 부인하기 어렵다. 나아가 이런 이중적 지위를 가지게 되는 것은 헌법이 설치하는 독립기관의 장으로서의 중앙선관위원장의 위상과 대우를 제대로 갖추는 데 장애가 될 수 있다.

둘째, 대법원장이 중앙선관위원회 위원 3인을 지명할 수 있는 권한은 과도하게 대법원장의 지위를 인정하는 것이라는 지적이 있다. 대법원장의 민주적 정당성이 취약하다는 점이나 관례상 대법원장이 지명하는 위원은 대법관을 포함해 법관의 자격을 가져왔는데, 법원이 선관위가 당사자가 될 수 있는 선거소송의 심판권을 가진다는 점에서 이익충돌의 가능성이 발생할 수 있다는 것이 그 논거이다. 특히 지명권행사가 대법관을 비롯한 현직 법관을 지명하는 관례를 형성해 제도적 이익충돌의 여지를 두는 것은 헌법제도의 조화로운 운영을 위해 바람직하지 못하다. 대안으로 퇴직 법관을 활용하는 방안이 있을 것이다.

셋째, 선관위의 자율입법권에 대해서도 논란이 있다. 현행 헌법 제

114조 제6항은 중앙선관위에 '법령의 범위 안에서' 소관사무에 대한 규칙을 제정할 권한과 '법률에 저촉되지 아니하는 범위 안에서' 내부규율에 관한 규칙을 제정할 수 있도록 중앙선관위의 자율입법권을 인정하고 있다. 문제는 선거관리와 같은 헌법이 부여한 권한의 행사를 구체화하는 하위입권권의 한계를 법치주의의 원칙에 따라 입법권을 가지는 국회가 제정한 법률에 한정하지 않고 행정권에 의한 하위입법권인 명령에 까지 확대하는 듯한 '법령의 범위 안에서'라는 표현을 쓰고 있는 것이다. 다수 공법학자들이 헌법상 독립기관인 중앙선관위의 소관사무에 대한 하위입법권을 중앙선관위가 직접 가지지 않고 행정권이 가질 수 있도록 하는 것은 규범체계의 혼란을 초래하고 법리상 비논리적이라고 주장한다. 현실적으로도 선거법의 하위입법으로 대통령령인 선거법시행령이 있으며 선관위는 별도로 선거관리위원회법 시행규칙을 제정하고 있는데, 만일 양자간에 충돌하는 경우 어느 법을 우선할 것인지가 논란이 될 수 있다. 정당사무관리의 경우에도 정당법의 하위입법으로 대통령령인 정당법시행령이 있고 선관위의 정당법시행규칙이 있다. 선관위규칙이 선거법시행령과 충돌하는 사항이 없으며 정당법시행규칙도 정당법시행령과 충돌하지 않고 있는 점에서 상호충돌을 피하고 있다고 볼 수 있다. 또한 선거법에서 선거의 공정성과 관련되는 사항에 대하여는 바로 중앙선관위규칙에 위임하고 있으므로 입법적으로 해결되고 있다고도 볼 수 있다.

넷째, 헌법정책론적 시각에서 최소한 국회의원 선거제도에 관한 입법권은 중앙선관위와 협의하에 처리되도록 하는 것이 필요하다. 대의제도의 원리에 비추어 선거제도에 관한 법률의 제정도 국회가 가지는 것은 당연하나 국회의원선거에 관련된 법률규정은 그 법을 제정하는 국회의원들에게 직접적인 이해관계를 미치므로 이익충돌회피라는 법익에 부합되지 않을 수 있다. 특히 왜곡된 선거제도에 의하여 국민의 여론이 제도적으로 과도하게 왜곡될 위험성이 많은 정치문화를 가진 우리나라의 경우 선거관리를 담당하는 공정한 전문기관에 의하여 선거제도 형성이 통제될 수 있는 여지를 두는 것이 민주주의의 발전에 기여할 수 있을 것으로 본다. 선거제도개혁이 항상 국회입법단계에서 파행을 거듭하는 것을 고려할 때 입법제안권이나 입법협의권을 선관위에 인정해 국회의 선거제도에 대한 입법권을 절차적으로 통제하는 방안을 고려해봄 직하다. 특히 선거구획정문제도 정치적 이해관계를 초월해 선관위가 중립적으로 제도화할 수 있는 방안을 헌법에 명문화하는 것을 고려해볼 필요가 있다.

지방자치

비록 짧은 기간이지만 그동안의 경험을 바탕으로 헌법 제8장(제117조-118조)의 지방자치에 관한 규정도 재검토되어야 한다. 자치사무, 단체위임사무, 기관위임사무에 대한 명확한 규정이 없어 해석론에 의해 실제 중앙정부와 지방정부의 법률관계가 해소되다보니 법적 안정성에 문제가 있다. 특히 중앙과 지방 간의 권한배분과 감독권의 한계에 대한 원칙적 규정을 둘 필요가 있다.

지방자치권의 본질에 대한 명확한 언급이 없어 자치입법권의 범위와 한계에 대한 혼란을 초래하고 있다. 외국의 입법례에서 보듯 지방자치권의 성격을 행정권으로 특정하든지 자치입법권을 허용하는 근거규정을 두는 것이 필요하다. 예를 들어, 조례와 법률과의 관계, 조례의 제정범위, 조례의 형벌부과가능성에 대한 헌법적 해명을 모색해볼 필요가 있다. 또한 지방자치단체의 종류 등 광범위한 사항을 법률에 위임하다보니 지방자치의 활성화를 위한 입법 활동을 강제하기가 용이하지 않다.

세계적 추세가 되고 있는 지방분권의 필요성을 헌법화할 필요가 있다. 지방자치와 연방제의 중간단계에 해당하는 지방분권제도를 모색하기 위한 헌법적 근거를 둘 필요가 있다. 자치경찰제, 사법분권 등을 추진하기 위한 헌법적 근거가 될 수 있고, 광역화된 지방분권을 통해 지방자치의 국지적 성격을 극복하고 국가의 균형 있는 발전을 도모하며 민주주의의 신장에 기여할 수 있을 것이다.

경제질서

우리 헌법은 별도로 제9장(제119-127조)을 두어 경제질서에 관해 비교적 상세하게 규정하고 있다. 그러나 이러한 규정들이 과연 시대에 부합하는 것인지에 대한 다툼이 있다. 예를 들면, 복지국가 혹은 혼합형 경제체제, 혹은 국가주도형 개발경제체제에 부합한 광범위한 국가개입을 정당화함으로써 세계화시대에 걸맞은 시장지향적 경제체제의 구축을 가로막는 시대착오적 헌법규정들이라는 비판론이 있다. 또한 경제질서 조항이 실제로 프로그램 규정적 특성을 가짐으로써 실질적인 의미를 가지지 못하면서도 현행 헌법의 성격에 대한 이데올로기적 논쟁의 원인이 되고 있는 측면이 있다.

이들 문제점에 대한 대응으로는 폐지, 전면수정, 일부수정의 가능성이 있다. 그러나 폐지했을 경우 각종규제관련 근거규정이 없어짐으로써 국가의 경제질서에 대한 개입의 헌법적 정당성이 현저히 약화될 수 있고 또 이해관계가 있는 각종 세력이나 기관의 반발이 예상된다.

수정론의 경우에도 어느 조항을 삭제할지에 대한 취사선택의 어려움이 있다. 또한 수정론의 경우 오히려 다양한 명분론에 새로이 헌법적 근거를 확보하려는 사회 각 세력의 강력한 로비가 예상된다.

전면 개편론의 유력한 안으로 제시될 수 있는 것은 경제질서의 기본원칙을 규정하고 있는 제119조만 남기는 방안이 있는데, 오히려 애매한 원칙규정만으로, 또 자세한 경제규정을 삭제할 때 사실상 경제헌법이라 불리는 헌법의 규범영역의 축소가 초래될 가능성이 있다.

아니면 경제질서의 기본 원칙인 시장경제질서에 대하여 총강부분에서 포괄적으로 규정하는 방법도 있다. 경제활동을 규제할 필요가 있다거나 여러 사유로 입법이 요구되는 경우에는 헌법 제37조 제2항에 의해서 규율할 수 있을 것이다.

헌법개정

현행 헌법에 의하면 헌법개정안은 대통령 또는 국회재적의원 과반수의 발의로 제안할 수 있다. 헌법개정안은 공고절차를 거친 후 국회재적

의원 3분의 2 이상의 찬성으로 의결을 거쳐야 하며, 마지막으로 국민 투표에 붙여 과반수의 찬성으로 확정된다.

헌법개정과 관련해 문제가 될 수 있는 것은 국회가 개정안 제안권을 갖는 것은 당연하나 대통령에게도 제안권을 주어야 하는가이다. 제안된 개정안에 대해 국회의 의결을 다시 필요로 하기 때문에 사실상 국회가 결정적인 권한을 가진다. 대의제도의 원칙 측면에서 볼 때도 당연한 귀결이다. 오늘날과 같이 정당정치가 일상화되어 있는 상황에서 대통령이 개헌의 필요성을 인정하면 국회의 여당의원을 통하여 발의하면 된다. 또한 대통령에게 제안권을 주는 것은 대통령이 국민에게 직접 호소하는 포퓰리즘에 영합해 국회에 압박을 가함으로써 신중한 절차를 손상하게 할 우려가 있다. 그렇지 않아도 대통령 중심제하에서 가장 문제가 되는 것이 대통령의 권한남용 가능성이다. 그렇다면 필요 이상의 권한을 부여할 이유가 없다. 따라서 대통령에게는 헌법개정안 제안권을 부여하지 않는 것이 합리적이다.

헌법개정의 이원화 방안도 있다. 헌법의 기본원리, 중요기본권 보장이나 국가권력에 관한 중요한 사항은 국민투표로 확정하고, 나머지는 국회에서 특별의결정족수로 확정하게 하는 방안이다.

개헌절차가 필요한가?

헌법개정이 필요하다면 어떠한 절차에 의해서 이루어져야 하는지도 중요한 문제이다. 앞서 본 바와 같이 현행 헌법이 많은 문제점을 가지고 있는 것도 당시 개정절차상의 문제에서 비롯되는 바가 크다. 헌법의 개정이 정치인의 정치적 동기에 의해 이루어질 때 그 생명력은 곧 한계에 달하게 된다. 국민투표에서 높은 지지율로 개헌안이 통과되었다고 그 헌법의 실질적 정당성마저 담보해주는 것이 아님을 우리의 개헌사가 보여주고 있다. 이제 형식적 절차뿐만 아니라 내용의 정당성도 아울러 가질 수 있도록 개정작업이 진행되어야 할 것이다.

현행 헌법에 의하면 대통령도 개헌안을 발의할 수 있으나 국회의 의결을 반드시 거쳐 국민투표로 확정되기 때문에 개헌에 대한 주도권은 국회가 가지고 있는 셈이다. 국민대표기관으로서 민의를 반영하는 대의제도의 핵심적인 기관인 국회가 개헌에 대한 결정적 권한을 행사하는 것은 민주주의의 당연한 결과이다. 그렇다면 국회는 어떠한 방식으로 개헌을 진행해야 할까?

먼저 개헌의 필요성을 인정하는 국민적 공감대가 형성되었다고 판단하면 국회에 헌법개정을 위한 특별위원회를 설치해야 할 것이다. 과거처럼 시간부족을 이유로 졸속 개헌이 이루어지지 않도록 하기 위해서는 적어도 2년 이상의 시간적 여유를 가져야 할 것이다. 전문가들의 토론, 공청회 등을 통해 충분한 논의를 하면서 국민적 합의를 도출해야 하기 때문이다.

특히 여기서 문제가 되는 것은 헌법개정특위의 구성이다. 특위위원을 전부 국회의원으로 하고 특위 산하에 다양한 견해를 대표할 수 있는 전문가들로 자문위원회를 구성하는 방법과 특위 자체를 처음부터 외부 전문가도 포함해 구성하는 방법이 가능할 것이다. 중요한 것은 헌법의 개정이 정치인들의 정치적 타협만으로 이루어질 수 없도록 하는 것이다. 현행 헌법이 갖는 문제점도 바로 개헌이 주로 정치적 타협으로 이루어짐으로써 비롯된 것이다. 정치인의 정치적 동기를 조금이라도 순화하고 중립적 입장에서 장기적 안목으로 헌법을 마련하기 위해서는 정치인뿐만 아니라 학계, 법조계, 시민단체 등 중립적 세력이 참여한 가운데 개정안이 마련될 수 있도록 해야 할 것이다. 헌법은 국정전반에 관한 가장 기본적인 원칙을 표현하는 것이기 때문에 다양한 분야의 전문가들이 참여해야 한다. 법조계뿐만 아니라 비법조계 전문가, 학자뿐만 아니라 실무가도 함께 참여해야 한다. 가장 바람직한 것은 다양한 비정치인들로 구성된 전문위원회의 개헌안을 국회가 수용하여 제안하는 것이다.

지금 대통령제가 다수 여론의 지지를 받고 있다고 하여 대통령제를 전제로 하는 개헌 절차가 되어서는 안 된다. 의원내각제나 이원정부제도 각각 나름대로의 장점을 가지고 있다. 가능한 모든 유형의 장단점을 충분히 고려해야 한다. 또한 정부형태에만 매달려 기본권을 비롯한 다른 부분에 대하여 소홀히 해서도 안 된다. 이러한 점을 고려한다면 전문위원회도 여러 분과를 두어야 할 뿐만 아니라 논의를 위한 시간적 여유도 충분히 가져야 한다.

그동안의 헌법운영을 바탕으로 광범위한 공론의 장을 거치지 않은 헌법은 필연적으로 근시성과 비일관성을 드러내 효율적인 운영에 걸림돌이 된다. 뿐만 아니라 머지않아 다시 개헌 논란에 직면함으로써 한시적 헌법이 되고 말 것이다. 개헌을 눈앞에 있는 당파적 이익을 추구하기 위한 수단이 아니라 당파를 초월한 대승적인 차원에서 국민의 안녕과 번영을 위한 국정운영의 기본틀을 만드는 작업이 되도록 해야 할 것이다.

맺는 말

　우리 모두가 헌법개정의 필요성을 인정하고 또한 국민적 합의에 의하여 새로운 헌법을 만들었다고 해서 일이 끝난 것은 아니다. 개헌은 현행 헌법을 그대로 유지하면서는 해결할 수 없는, 새로운 헌법의 해석만으로는 해결할 수 없는 중요한 문제점이 있을 때 이를 극복하기 위한 방안으로 제시된 것이다. 그러나 헌법은 고정된 현상을 규율하는 것이 아니라 정치라는 변화무쌍한 현상을 규율하는 것이다. 따라서 헌법은 자연히 정치적일 수밖에 없다. 헌법을 만들고 바꾸는 동인도 정치요 헌법의 대상도 정치다. 헌법과 정치는 불가분의 관계에 있다.

　그러기에 헌법의 운영은 그 사회의 정치적 상황과 직결되어 있다. 동일한 제도라 해도 정치적 민주화의 정도에 따라 현실적으로는 전혀 다른 방식으로 작동할 수 있다. 물론 우수한 헌법이 민주화에 더 도움이 될 것임은 틀림없다. 그러나 완벽한 제도에서 민주주의가 나오는 것은 아니다. 또한 우리가 아무리 좋은 헌법을 만든다고 하더라도 완벽한 헌법이란 존재하지 않는다. 애초에 불완전한 인간이 완벽한 제도를 만든다는 것 자체가 불가능한 일이다. 어느 역사를 보아도 불완전한 제도를 시대의 변화에 따라 지혜롭게 운영해가는 것이 발전하는 사회이지, 제도를 탓하며 자신의 책임을 회피하려는 사회가 발전한 예는 없다. 어느 제도나 정도의 차이는 있지만 문제는 있기 마련이다. 우리에게 필요한 것은 그러한 문제를 보완해가며 과거의 경험을 거울삼아 현실을 변화시켜 나갈 수 있는 지혜이다.

　민주주의의 기본원칙이라고 할 수 있는 '법의 지배'는 '사람의 지배'에 대립되는 개념이다. 그러나 현실적으로 법을 구체적으로 만들고 집행, 판단하는 것은 사람이 하는 것이다. 따라서 양자는 표면상 크게 대립되는 것 같으나 그 내면의 본질을 보면 크게 다를 것이 없어 보인다. 사람은 그 사람이면서 제도만 바꾼다고 달라진다고 생각하면 큰 오해이다. 제도를 바꾸는 것도 중요하지만 더 시급한 것은 사람을 바꾸는 것이다. 민주주의의 기본이 선거에 있는 것도 바로 이 때문일 것이다. 지난번 선거관련법의 개정을 통해 깨끗하고 공정한 선거를 치르게 된 것이 중요한 의미를 갖는 것도 바로 이 때문이다. 상처에 새살이 돋아나듯이 세월과 더불어 우리의 민주주의는 더욱 알차게 열매 맺어 갈 것이라 확신한다.

▌ 지은이

윤대규

서울대 법과대학
경남대 대학원
미국 Univ. of Washington Law School(법학박사)
경남대 법학과 교수
현재 경남대 극동문제연구소 소장
주요 저서 및 논문으로 『법사회학』, *Law and Political Authority in South
　　Korea*, 「법원의 독립을 위한 기능적 고찰」, 「헌법해석에 관한 법사회학
　　적 고찰」, 「자본주의와 변호사제도에 관한 연구」, 「북한 저작물에 대
　　한 보호 및 문제점」, 「개성공단의 운영에 따른 법적 문제」 외 다수

왜 개헌인가?

ⓒ 윤대규, 2005

지은이 ｜ 윤대규
펴낸이 ｜ 김종수
펴낸곳 ｜ 도서출판 한울

편집 ｜ 신상미

초판 1쇄 인쇄 ｜ 2005년 5월 20일
초판 1쇄 발행 ｜ 2005년 5월 27일

주소 ｜ 413-832 파주시 교하읍 문발리 507-2(본사)
　　　 121-801 서울시 마포구 공덕동 105-90 서울빌딩 3층(서울 사무소)
전화 ｜ 영업 02-326-0095, 편집 02-336-6183
팩스 ｜ 02-333-7543
홈페이지 ｜ www.hanulbooks.co.kr
등록 ｜ 1980년 3월 13일, 제406-2003-051호

Printed in Korea.
ISBN 89-460-3393-2 93340

* 가격은 겉표지에 표시되어 있습니다.